INTIMATE DIS

愛偷看訊息、三人行婚姻、控制欲過強

在愛與痛之間尋找自我，諮商心理師的婚姻觀察筆記

樂律

潘幸知 主編

親密有間

平衡親密與獨立的 37 堂婚姻經營課

人到中年，婚姻死於分床睡？｜所有的出軌，都是男女合謀？｜變優秀，就能阻止婚外情嗎？

/ 每一段破碎的婚姻，都蘊藏著重生的可能 /

37 堂婚姻修復課

打造既親密又獨立的幸福關係

目錄

第一章
心理課堂：你懂婚姻嗎？

008　「自討苦吃」的聖母型人格

015　伴侶出軌，最難的是放過自己

022　變優秀，就能阻止婚外情嗎？

034　婚姻中最大的謊言

041　鞏固婚姻的真相：動態平衡地付出

048　離婚老公用撫養權要挾，為了孩子我該忍嗎？

056　離婚一年後，前夫依然對我糾纏不休

061　每一個強勢女人的背後，都有一段破碎的婚姻

068　前夫居然帶著我的孩子，跟第三者在一起

074　老婆奴，究竟有多可怕？

082　為什麼有的女人很容易移情別戀？

088　我沒出軌，很愛老婆，但是不想送她禮物

第二章
情感經營學：婚姻與溝通

096　七年婚姻，我還是沒能讀懂女人
104　夫妻聊天紀錄曝光，多少婚姻都死在了這件事上
113　麻木，正在殺死中年人的婚姻生活
120　那些令人窒息的控制欲
127　男人出軌，才不是因為你不夠優秀
133　男人身上四大禁區，女人不能隨便碰
140　夫妻關係實錄：婚姻的真正殺手，從來不是第三者
149　親密關係的真相：世間完美的感情，從來不是命中注定
155　人到中年，婚姻死於分床睡？
161　如何面對男人「作壁上觀」的婚姻？
169　為了三十萬聘金男朋友要分手！我錯了嗎？
174　想想當年給的那些聘金，你心裡是什麼滋味？

第三章
情感還是道德：面對婚姻背叛的取捨智慧

182 從娘家回來，我發現第三者住進了我家

192 他除了出軌，其他什麼都好

198 被出軌後，最深的痛苦到底是什麼？

205 男人出軌回歸後拒絕溝通？妳需要學會這三件事

209 女人出軌了，男人不原諒，怎麼辦？

214 三人行婚姻，要不要拖死第三者？

219 被出軌的我，是如何在三天內做出離婚的決定

225 所有的出軌，都是男女合謀

232 為什麼男人更容易出軌這類女人？

239 為什麼男人一旦出了軌，就再也回不到從前？

246 一個第三者的自白：為了第三者離婚後，我後悔了

253 一個男人的泣淚懺悔書：出軌離婚後，我沒有娶她

260 在婚姻裡忍氣吞聲，是會忍出乳腺癌的

第一章
心理課堂：你懂婚姻嗎？

「自討苦吃」的聖母型人格

文／江左梅娘

「身為女性，我好像只有兩種選擇，要不做被男人保護的小女人，要不做可以保護自己的女強人，既然做不了小女人，那就只能選擇做女強人。」這是師父陳姐曾經和我說過的話。

然而，陳姐沒有做成小女人，女強人也做不了多久了，43 歲這年，她得了乳腺癌。

不幸的童年和順遂的事業

說起來，陳姐早年的命運挺慘的。

陳姐是個早產兒，三代都是獨子的陳姐爸爸一聽說又是一個女兒，長吁短嘆了一整天，可想而知，陳姐在家裡多麼不受歡迎。

陳姐在父母有一搭沒一搭的照顧下長大了，早早地就養成了處處看人眼色的習慣。

陳姐的父母原本打算讓她受完義務教育，稍微有點學歷就嫁人，然而陳姐覺得讀書是自己將來唯一的出路，所以十分用心，成績也一直很優秀。父母要她輟學，她不肯。

後來父母勉強讓她繼續讀書，但要求她必須答應讀到畢業就不要讀了，她也只好聽從了家人的意見，最後考了師範學院。

陳姐看起來瘦瘦弱弱、一副弱不禁風的樣子，但是性格十分好強。

畢業以後，她就到學校裡教書，邊工作邊讀書，很快就拿到了研究所學歷，再加上她在工作中任勞任怨，為人處世又謙恭有禮，很快就升上了主管。

陳姐靠著自己的努力，完全過上了自食其力的生活。每年過年的時候，她都會包給父母一個大紅包，紅得耀眼。

工作了兩年之後，就有人替她介紹了男友，青年家雖在鄉下地方，但是長得挺帥氣，陳姐不久就與他結婚了。

老公在事業上十分有所追求，家裡的工作陳姐從來不讓他伸手。幾年後，陳姐又透過一個遠房親戚的關係，讓老公升了中階主管，後來又做了副理。

照理說，陳姐後來的日子過得不錯。

從不麻煩別人，只喜歡麻煩自己

我實習的時候，被分配到了陳姐手下，跟著她聽課、備課、教導學生，她總是做事俐落，走路帶風，一下子就做完了手頭上所有的事情，讓我折服。

接觸得越多，我越覺得陳姐好得讓我有些不太適應。

照理說，我是她的實習生，她完全可以差遣我跑東跑西，然而，她幾乎從來不差使我。

相反的，她很關心我，知道我是外地人以後，還跑到我的宿舍裡去參觀了一下，把當年她住宿舍的時候覺得好用的東西給了我。

我隨口問一句車站在哪裡，她就主動幫我買了車票。我爸媽要來，就隨口問了她當地有什麼特色餐廳，她竟然做東請了我全家去吃飯。

還有一次，我和一個同學到景點玩，沒公車了。那時候，正好幾天前的新聞報導一起計程車事故，我和同學也不敢坐計程車。我記得她家離那裡似乎並不遠，於是打了一通電話過去。她二話不說，半小時之後，就開車來載我們回家了。

陳姐不光對我是這樣，對同事們也是如此。

她是學校的老員工，卻很樂意為我們每一個人跑腿，中午散步的時候還經常去收發室把我們的信件包裹都帶回來。有時候同事想要搭車回家，無論去哪裡，她都「順路」。

就是這樣一個好人，卻有很多人對她的打扮評頭論足，說她「俗到掉渣」，暗自裡沒少詬病她。說她兒子青春期叛逆，不跟她說話，還說她老公劈腿了，她還裝得很幸福。我那時覺得那些人真多嘴，怎麼就見不得人好呢！

身為一個剛畢業的大學生、她的徒弟，我受到如此的關照，雖然對她的生活也夾雜著很多的疑問，但是更多的是感激。

直到後來我去了她家，看到被她打掃得一塵不染、讓人不忍下腳的家後，我怎麼都覺得她這種從來不麻煩別人的人，活得特別累！

陳姐得了癌症

這個從來不麻煩別人的陳姐，終於讓自己惹上了大麻煩。

陳姐得癌症的消息讓我很意外。陳姐那麼好，從來不麻煩別人，為人那麼和善，為什麼會突然得了癌症？

一個同事偷偷地跟我說，陳姐老公早就出軌了，只是一直憋在心裡沒說，她兒子其實也不喜歡她，不願意和她在一起。難道這些就是她得癌症的原因？

也許是，也許不是，但是陳姐的事讓我有了太多的感慨。她一輩子好勝，事業上、家庭中，什麼事都親力親為，一刻都停不下來，她待同事盡心盡力，帶孩子也竭盡全力，對老公也是極力栽培。

她從來都不會麻煩別人，然而卻沒人感激她。同事看不起她，兒子不搭理她，老公背叛她。命運對她實在是太不公平了！

也許有一些人，就是「聖母型人格」，他們友善地對待每一個人，甘願承受本不屬於他們的責任，他們對所有人都有求必應，哪怕那個要求讓自己很為難。

假如他們滿足不了別人的要求，他們就會內疚得不能自已。可是如果一個人處處只想成全別人，那麼注定會委屈自己。

當把所有的負面情緒都壓在自己身上，無法承受的時候，最終崩潰的也只會是自己。

聖母型人格為什麼反被看不起，沒人感激？

這樣奉獻了自己的人，照理說本該備受尊敬和愛戴，可是卻往往事與願違。

曾有人說，你若好到毫無底線，別人就敢壞到肆無忌憚。

人好、人善本沒有錯，但是如果「善」到傷害了自己還不聲張，「好」到被背叛了還不吭聲，那無疑會遭人欺負。

就像安徒生童話裡的快樂王子，當快樂王子把身上的寶石、金箔甚至眼珠都一點一點地送給了需要的人，直到自己變成了一堆沒有價值的廢銅爛鐵的時候，沒有人感激他，他殘損的身軀最終被推倒，被焚毀。

雖然最後，安徒生在童話的結尾給了快樂王子和那隻善良的燕子一個去天堂的結局，然而在人間，「快樂王子」始終沒有成為「好人有好報」的童話。

因為在人間，善良得沒有原則和底線的人只會淪為「填坑的物品」，沒有人會真正尊重他的價值。

「聖母」變「惡魔」，也許是解決問題的唯一路徑

說到底，聖母型人格的人的確很慘，總是犧牲得很悲壯，那麼當你發現自己在生活中有這樣的傾向時該怎麼辦？

想說一個我媽的做法。

以前，我一直認為我媽太霸道。比如她在做飯炒菜的時候，一家人都不能閒著，我爸被派去剝蔥，我去弄蒜，我弟弟要去挑菜。

等到飯做好了，我爸要去盛飯，我得去端菜，我弟去拿筷子，我媽安安靜靜地坐在椅子上欣賞我們做好一切。

我有時候在打字，不想工作，就說我媽，妳看看妳啊，做個飯讓一家人都不得安寧！我爸還在一旁斥責我，說我說話沒大沒小的。

看見沒？我媽在家裡的地位是首屈一指的。

她麻煩自己，也麻煩別人，她從來不會一個人把家裡所有的事都包了，然後累得要命，再站在道德制高點上譴責我

們，給我們得了便宜還賣乖的機會。

我爸寵愛她，體恤她。我們感激她，尊重她。

我剛結婚那時候，我媽來我家短住。她發現我家老楊是個完全不會做家事的人的時候，私底下就對我說，妳這樣不行，老公不用，過期會報廢的。

我說，他做事真的毛病太多，還不如我一個人做完了就好。我媽說，妳一個人做完了是乾淨，就是累死的時候，連個「收屍」的人都沒有。

後來我發現很多東西還都被我媽說中了。那時候我只麻煩自己，每天累得要命，老楊回來還說，我把家裡弄得亂七八糟的。而當我果斷止損，開始麻煩他，他累到了以後，反倒體恤我的辛苦了。

聖母偶爾變一下惡魔，也許男人習慣了以後會更受用。畢竟男人會怕惡魔，而且惡魔偶爾變成聖母，男人會很感激。

不要沉迷於聖母光環，表面上，男人都喜歡賢妻良母，但骨子裡都難以忘懷壞壞的惡魔女。

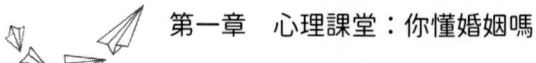

伴侶出軌，最難的是放過自己

文／火小柴

01

最近，一個朋友在鬧離婚。

一年前，為了不離婚對老公下跪的她從沒想過，今天可以堅決地提出離婚。

她說，看著老公傻了的表情，我沒有難過，反而有些想笑。果然，人要先放過自己才是最爽的。

(以下是第一人稱自述。)

老公對我一直都有恃無恐。

房子是他父母給的頭期款，他基本沒有經濟上的付出。

結婚，他沒有從自己的積蓄裡出一毛錢，甚至婚禮的所有事情，都是我處理的，他沒買過一樣東西，沒問過家裡的任何事。

婚後，三年裡，他換了五份工作，每天回家就打電動。我從沒念過他，一直覺得他總會長大，我要盡可能地支持他。

我愛他，情願為他付出一切，他卻讓我失去了所有自尊和自信。

一年前，他跟朋友出去喝酒，以前他也常跟朋友去喝酒，我也就沒問什麼。但那天晚上十一點，他突然打電話過來，說朋友喝得有點多，自己送他回家，今天就在朋友家睡了。

那天晚上，我也沒多想。

可第二天，他回家之後，我鬼使神差地點開了他手機上的團購軟體，發現裡面多了一個訂單，還是飯店的。

我當時拿著他的手機，呆坐在沙發上，連他走過來都沒察覺。等他搶過手機，深深地看了我一眼，然後走開，我都不敢質問一句。

那時，朋友都替我生氣，勸我趕快離婚，她們都說出軌只有零次和無數次。

可這種事真落到自己身上，哪能做到那麼暢快？

我們戀愛四年，結婚三年，就算感情淡了，也還有不少情分。更不用說經濟、孩子等一系列亂七八糟的問題。

我和他早就從「我」變成了「我們」，離婚，那就是要割捨掉另一半的自己呀。

我連揭穿他、質問他、要一個解釋的勇氣都沒有。

千躲萬躲，怎麼都沒想到，一個月後，反倒是他把手機放在我面前，說：「我們離婚吧。」

我傻眼，問他：「為什麼？不是好好的嗎？」

他說：「妳看到了，我認識別的人了。」

這話從他口中說出來時，我的天一下子就塌了。

我記不得那時候到底是想了什麼，只覺得自己像個溺水的人，拚命抓住那根並不牢靠的救命稻草。

我哭泣著，向他下跪，哀求：「能不能不離婚，我還愛你。」

等我抬起頭來，看見的是他滿臉的不屑和厭惡。緊接著，是他摔上門、離開家的背影。

伴隨著關門聲，我的世界一片寂靜，靜得可怕。

02

其實，這樣的婚姻組合隨處可見：一個什麼都好的女人，配上一個什麼都不好的男人。

乍一看，兩人天差地別，根本想不到能有什麼交集。

但細想一下，磁鐵的兩個極端，才能牢牢吸引。

一個眼裡只有別人，從來沒有自己的好女人，越是犧牲自己，越有存在感；越是沒有界限地付出，越覺得自己的生命有價值。或許遇見一個普通的男人，她反而無法犧牲自己，無法感受到自己的價值。

為什麼會這樣？

一是自我價值的喪失。

自我價值就是你怎麼認識你自己，怎麼看待你自己的價值。

換句話說，自我價值就是你認為你自己是什麼，你是不是有價值，你是不是值得被愛。

有些人需要透過別人的證明才能感受到自己的價值。只有別人表現出對她的愛的時候，她才感覺好一些。

這就是許多「低自尊」的人面臨的困局，她永遠需要一個人來依靠，卻不管這個人是否靠得住。

03

為什麼不管這個人是否靠得住呢？

這就是第二個原因，她們太恐懼了。

她們恐懼拒絕、恐懼衝突、恐懼憤怒、恐懼孤獨，更恐懼被拋棄。

發現老公出軌，她們憤怒，卻不敢表達憤怒。

她們總是在付出，卻不敢索取，不敢要求對方，是因為害怕衝突。

一步步後退，一步步失去自己的界限。

這一切的忍讓討好，最終都是為了不被拋棄，卻往往落得一個背叛的下場。那是因為不尊重自己邊界的人，自然也得不到別人的尊重。

一旦感受到被拋棄，她們就像是被點了死穴一般，瞬間變成了那個童年時候對一切都束手無策的小孩。

付出、討好，做一個「好人」，對她們來說，是最容易、最熟悉、最安全的生存策略。

為什麼朋友面對老公出軌後要求離婚這種如此「理不直氣還壯」的做法，仍然不敢質問，甚至下跪哀求。

是因為深愛這個男人？是因為珍視自己的家庭？

都不是。

那是因為她從小父母就在外工作，她被爺爺奶奶養大。每個生日，她最大的心願，就是能見到爸爸媽媽。

每一次，爸爸媽媽回家，她晚上都不敢睡著，早上也不敢睡懶覺，她是如此恐懼自己一旦放鬆下來，第二天就看不見爸爸媽媽了。

那是因為在一個人的世界裡，無人陪伴，無人關心，無人理解，活著卻像是已經死了。

她做的所有努力，好好讀書，認真打理家裡，小時候做一個好女兒，長大後成為一個好妻子、成為一個好媽媽，都是為了不被拋棄，不再感受到只有一個人的感覺。

當老公要離開她的時候，就像是按下了她心中那個定時炸彈的按鈕，啟動了她最深的恐懼。

所以，她只能哀求，企圖抓住手邊一切能抓住的稻草。

04

事實上，人們的自我價值並不來自別人，而是來自自己。

朋友的轉變是從「內在小孩的療癒」開始的。

她在冥想中，走回小時候住的那棟房子，看見童年時期的自己獨自待在房間，獨自玩著玩具，四周空無一人。

她蹲下來，看著那個小孩，那個曾經的自己，說：「孩子，我看見妳了。對不起，請原諒過去我一直忽略妳的存在。

「這一切都不是妳的錯。這些年來，妳的努力我都看到了。謝謝妳為我的人生所做的一切。

「從今往後，我會一直陪伴妳，和妳一起面對人生的一切，我永遠不會離開妳。

「我愛妳，我接受妳的全部，接受妳所有的優點和缺點。

「我為妳的存在感到驕傲。我會永遠愛著妳，給妳所有你需要的支持和愛。」

當她對曾經的自己說出這些話，她的眼淚立刻落了下來。

改變就是從那一刻開始。一年間，她忍耐著老公搬去和第三者同居的痛苦，尋找一切能幫助自己、能安慰自己、能支持自己的資源。

直到有一天，她發現，即使不用依靠別人，她也能自己站立。

而其實，她早就已經能夠獨自站立，獨自前行。

一年後，她主動提出了離婚。這一次，反而是老公在恍了神之後爽快同意，又在一個月後苦苦哀求，希望她能再考慮考慮。

她決絕地離了婚，並想要告訴每一個女人：妳們值得一切的幸福。

變優秀，就能阻止婚外情嗎？

文／范俊娟

01

有人提出一個很有意思的悖論。

我不優秀的時候怕被對方拋棄，於是我拚命地學習。等我比他優秀多了的時候，我終於有了拋棄他的本錢，卻糾結了：

我要是不拋棄他，那我這一番努力豈不是白費了？

如果我拋棄了他，那我當初為什麼要結婚？

如果繼續下去，我是不是還要擔心他一旦超過我，又把我給拋棄了？以後我到底是該打壓他，還是應該幫助他去進步，然後等他來拋棄我？

總之，你要不是努力變優秀，然後有資本拋棄對方；要不就是不努力、不優秀，然後被對方給拋棄。

這個邏輯乍聽之下有點道理，但是你細細品味，會發現在這樣的邏輯下，婚姻只有死路一條。

不管是打擊對方，限制對方，試圖掌握話語權擁有拋棄對方的本錢；還是幫助對方，成全對方的進步，然後等對方變得越來越好的時候，你又開始害怕被對方拋棄。

這個兩種狀態下的兩個人在婚姻裡都是不幸福的。

我們去深究這個邏輯的話，背後其實有個共同的前提：我不相信我會變得越來越好。

我害怕你會拋棄我，所以我打擊你、否定你，讓你不要變得更好，這個前提是我被自己的害怕所控制，我不相信我也會變得更好；我幫助你進步，支持你做更好的自己，卻害怕有一天你變得更好了，會拋棄我，這是因為我深信你會變得更好，而我卻不會。

為什麼會有人被這樣的害怕給束縛了？

02

我不夠好，而且我永遠不會變得更好，是人對自己講的最大的謊言。

其實現實中這樣的案例比比皆是。

有這樣一個案例，女孩還沒有正式大學畢業，男朋友已經有豐富的工作經歷。

在一起的兩年時間裡，女孩越來越覺得自己不被尊重，自己的交友圈被男朋友說成：「整天跟這些人混在一起，以後妳怎麼能找到好工作？」

女孩穿衣打扮，男朋友覺得不夠時尚漂亮；女孩發表一

些對事情的看法，男朋友覺得她太幼稚不夠成熟。

跟他在一起，女孩越來越覺得自己差勁，覺得自己哪裡都不夠好，還有很多需要提高的地方。女孩想躲開他，逃開這樣的關係。

這個案例裡的男孩子就在試圖透過打擊否定的方式，營造這樣一種感覺：

我處在權力上風，妳要小心了，妳必須要讓自己更好，否則我就可能會把妳淘汰出局。

問題是，為什麼男孩子要為女朋友營造這樣一種緊迫感？為什麼不能輕輕鬆鬆地談場戀愛呢？是女孩真的有這麼差勁，讓他不滿意，還是這是他的某種手段，為了達到自己無法言說的目的？

還有一個案例，是另外一種類型。

十年婚姻，丈夫白手起家，一心投入在工作上，常常從一個城市飛到另外一個城市。太太在家帶孩子，打理家庭，照顧好後勤。

熬過最開始的辛苦，丈夫的事業慢慢走向了正軌，收入越來越可觀，孩子也慢慢長大了。太太沒事的時候終於可以鬆口氣，跟閨密一起喝喝茶，打打麻將，插插花，練練瑜伽，小日子過得也算是愜意。大家都誇太太好命，找了個「潛力股」，付出的所有都值得了。

這本是最佳夫妻搭檔，可是在婚姻的第八個年頭裡，越來越多問題爆發出來了。

丈夫越來越少跟太太說公司裡的事。因為他談的那些名詞，太太已經完全聽不懂，也完全無法理解他到底在焦慮什麼、在擔心什麼，她無法融入進他的生活。

而孩子的成長過程中，由於丈夫早年缺席，孩子跟爸爸之間相處的時間少得可憐，丈夫覺得妻子太溺愛孩子，覺得孩子身上有很多毛病，都是被妻子給慣出來的。兩個人越來越無法溝通，一說就吵。

丈夫待在家的時間越來越少，後來妻子開始懷疑丈夫是不是背叛了自己，經常偷偷看他的手機，那時候妻子就已經被「被拋棄的恐懼」給控制了。

第一個案例，我後來跟男生溝通時，發現男生其實很在乎女生，也十分想要跟她結婚生子。但他的內心是恐懼的，害怕女生有一天會離開自己，這種內心的自卑和不安全感推著他，讓他用打擊女生的方式來試圖更穩操勝券地留住女生。

他的潛在邏輯是：我剪斷妳的翅膀，讓妳飛不了了，妳就會永遠陪著我。

第二個案例中的太太，最開始為了家庭，選擇了放棄自我成長，拿出更多時間和精力來陪伴孩子的成長。

但是在這個過程中，太太跟老公的眼界、認知、格局、

人脈資源等有了越來越多的差距。兩個人本來的互相支持，變成了互相不能理解。

雖然兩人依然生活在同一個屋簷下，但事實上他們的關係卻越來越像室友，缺少了彼此的情感支持和心理上的互相分享。

這兩個案例裡，一個是因為害怕被拋棄，選擇了去打擊、否定對方，隱性地限制對方的發展，可是最終換來的是對方更快的逃離。

另一個是支持對方的發展，卻放棄了自我，結果以為自己苦盡甘來的時候，卻隨時面臨被拋棄的恐懼。

這兩種選擇最終都以關係破裂而告終。這也讓我們看到，無論你選擇走哪條路，如果你忽視了自我的成長，被拋棄的恐懼都會如影隨形。

自我成長是一種姿態，而優秀更像是一種結果。

我們常以為優秀是不被拋棄的護身符，高喊著我要讓自己變得更優秀，然後掌握拋棄他的本錢，似乎只要自己變優秀了，就萬事大吉了，真的是這樣嗎？

03

優秀跟拋棄到底是什麼關係？

毫無疑問，一個不優秀的人，如果被拋棄，會過得很慘；

但一個優秀的人，如果被拋棄，有能力讓自己生存得很好。

如果你足夠優秀，哪怕你不幸被拋棄，你也不必擔心分開之後自己沒有地方住，孩子的生活費會沒有著落，自己未來的生活會無依無靠，因為你可以自給自足。

這是一種離開的本事。優秀可以讓你離開的時候，保留最後的尊嚴。

但是優秀並不等同於不會被拋棄。

如果說一個人優秀了，便不會被拋棄，那麼事業型的女強人、女老闆應該得到更幸福的婚姻，可是為什麼還是有很多人並沒有得到？

為什麼很多人人都誇讚、說是很會賺錢的人，就是經營不好親密關係？他們都很優秀，但是卻不會處理親密關係。

因為婚姻經營和婚姻危機的應對是兩件事，我們要從兩個層次來看。

優秀跟被拋棄的關係，大致可以分為這樣四種狀態：

第一種狀態：不優秀也不會做人。

在這個狀態下的人，工作賺錢能力會受到阻礙，現實中的各種關係也會不順暢，活得很辛苦也很孤單，經常體會到一種挫敗感，覺得自己什麼都做不好。這種狀態下的人如果再遇到婚姻變故，這會是人生中非常重大的轉捩點。

這種狀態下的人，會很害怕被拋棄，但是要變得優秀也

很難，他們要花很大的能量去修行自己做人的底層能量。

第二種狀態：不優秀但是會做人。

在這個狀態下的人，往往會有單純的快樂和幸福，他們看上去好像胸無大志，但是很知足，人生能夠享受簡單的快樂，精神世界其實很豐富，但成長的速度往往會慢一些。

這種人如果被壓迫到一定程度，可能也會主動拋棄更優秀的人。

第三種狀態：優秀但是不會做人。

這種狀態下的人現實中常常會有比較嚴重的焦慮，缺乏安全感，尤其是在親密關係中，他們常常會找個並不是很優秀的人，然後把不夠優秀的焦慮投射給對方，催著對方變得更優秀，然後自己的焦慮就可以得到緩解。

這種類型的人，即使自己已經很優秀了，也不太會輕易拋棄對方，因為他們建立起對別人的安全感是很不容易的。

第四種狀態：優秀也會做人。

這種狀態的人通常不太會秀自己的優越感，更懂得照顧他人的感受，他們內心是比較和諧的，跟周圍的環境也會和諧一致，親密關係中幸福感也會比較強。

這種狀態下的人，基本上不會為拋棄不拋棄這類事情焦慮，他們想的都是如何讓自己和身邊的人更幸福。

優秀在婚姻裡是一把雙刃劍，既可能成為你的優勢，也可能成為你的劣勢。

一個優秀的丈夫如果天天把我多優秀掛在嘴邊，打擊妻子，覺得妻子見識淺薄，說什麼都不對。那麼妻子面對他的時候，難免會退縮，會覺得我可能會被比較、被瞧不起，妻子便可能在他面前穿上「防護盔甲」。這樣的優秀變成了傷害夫妻關係的一把利刃。

而一個不優秀的丈夫如果天天被妻子碎念不努力不上進，妻子總覺得丈夫對未來沒有規劃，要自己一個人操心整個家，覺得丈夫不可以依靠，那麼丈夫的不優秀便會成為劣勢。

我們可以依靠自己的優秀來應對婚姻中的危機，但卻無法依靠自己的優秀來經營好一段婚姻。優秀並不能讓我們在婚姻中立於不敗之地，因為婚姻考驗的是更複雜的能力——關係處理的能力。

那麼，到底什麼是關係處理的能力？

04

修改你內心的關係模式。

假如你內心的關係模式是：

蛋糕是貧乏的、有限的，而人與人是競爭的關係，要不是你優秀，要不就是我優秀。那麼你生活的關係模式就是封

閉式的，是限制性的。

這種限制性的關係模式會壓抑個人的成長，這種關係模式下的人始終在維持僵化的模式，人的能量都用來維持模式的穩定，這就形成一種自我消耗。

在封閉式的關係模式裡，被拋棄的恐懼像皮球一樣，被踢來踢去。誰是弱勢的一方，誰就會被恐懼的皮球壓倒，而沒有力量把恐懼的皮球再給踢走，只能被這種被拋棄的恐懼給帶著往前走，走到一定程度，再把恐懼的皮球踢給對方。

如果一個人一直生活在這種恐懼裡，進入婚姻時便會帶著這種感覺，始終不敢讓自己放鬆。

而另外一種開放式的關係模式是：每個人都有無限的潛力，你可以在這裡自由地做自己，並且我會是你的同路人，和你具有同樣的目標和渴望，我們是這條路上的最佳搭檔。

哪怕真有一天，因為某種原因必須要分開，我們都知道這一路上彼此都有成長，會惦記和感謝對方，因為對方曾經是自己成長路上的見證人。

所謂關係處理的能力，就是你內心對於關係的圖像是怎樣的。

是封閉的，還是開放的？如果是封閉的，你有沒有嘗試打破過自己關係中的規則？有些什麼樣的限制正在束縛著你？這就是對自己內心關係模式圖的修改。

05

如果你每天都在思索「拋棄」這件事，你永遠不會有幸福的婚姻。

試想一下，就算你很努力地讓自己變得越來越優秀，然後拚命打擊對方，讓對方變得越來越萎縮、自卑，難道對方就不會拋棄你了嗎？

萬一有一天他遇到一個懂得欣賞他的人，奮不顧身地奔向對方了，你怎麼辦？

這種情況下出軌的案例數不勝數。

你對抗什麼便會得到什麼，越是要抓緊什麼，便會越快速地失去什麼。

之前聽說過一句話，我深以為然。

一個人要保持美好的東西和最佳的狀態，是內心深處沒有和任何東西對抗，一旦你做好和任何東西對抗的準備，你就會失去這種狀態。

婚姻也是如此，你想要擁有幸福的婚姻，便是你心中沒有任何要去對抗的東西。

不管是他，還是你自己，還是其他，一旦你開始對抗，你所對抗的便會逆流而上，加倍襲來。

如果你一直在對抗拋棄，每天都在想我要怎麼不被拋

棄，或者我要讓自己變優秀然後拋棄對方，你就很難獲得幸福。

因為當你每天都在思索「拋棄」這兩個字的時候，你本身就是向著不幸福的婚姻去發展的。

我們常常會有一種失誤，是不是我克服了缺點，剩下的就全是優點了？是不是我打敗了不幸，我便會獲得幸福？是不是我們解決對婚姻不滿意的地方，我們就對婚姻感到滿意了？

其實並不是你克服了婚姻中的不幸福，你就會獲得幸福。不被拋棄跟幸福婚姻，完全是兩回事。

要想獲得幸福婚姻，你每天要考慮的是，我要怎樣讓我們在一起更開心、更快樂，更讓我們走進彼此的心。當你運用這種思考模式的時候，你做的所有的事情都跟拋棄或被拋棄無關。

如果你一直在跟不幸對抗，你就永遠不可能找到幸福，因為你一直在關注和吸引不幸。

如果你一直在跟自卑對抗，你也永遠不可能變得自信，因為自信是另外一套語言系統。

如果你一直在跟對方的缺點較勁，你也永遠不可能真正看到對方的優點。

這些都是兩套語言系統，如果你一直在負面的語言系統中打轉，你只會在那裡迷失自己，找不到出路。你永遠無法走向你內心真正想要的結局。

你必須要調整你的思考方式，把自己的頻道調整到積極正面的那座宮殿裡，找到自己的定位，然後找到你想要去的方向，向著那個方向為自己規劃路線。只有這樣，你才能真正地走過去，否則你會永遠在自己的不幸裡打轉，走不出來。

婚姻中最大的謊言

文／范俊娟

01

一部電視劇中，媽媽對女兒這樣說：「妳是女孩，就是家裡的次等公民。」

剛開始看時候，我一直有一個疑惑：為什麼一個媽媽可以對女兒這麼冷漠和無視？

哥哥們有的她沒有，哥哥們不用做的事她要做，不管她多努力、多優秀都沒用，就因為她是個女孩，所以活該做個「次等公民」，在家裡沒有地位，沒有發言權。

她還不能抱屈，不然就會被說，給妳飯吃就不錯了，妳就是個不知好歹的孩子，還不知足？怎麼就那麼矯情、嬌貴，房子是我們的，要做什麼還得跟妳商量？

似乎女兒生來就是被利用的，不是被愛的。

僅僅因為她是個女孩，所以應該被親媽這樣對待？為什麼會這樣？編劇是不是有點太誇張了？至少要有一點點親情和貼心話吧？

可是都沒有，沒見過這個媽媽對女兒露出一次笑臉，任何一點點跟母女親密有關的鏡頭都沒有。

二哥要求妹妹幫自己洗衣服，媽媽：「妳就不能幫妳二哥洗嗎？」

女兒補習班需要繳費，媽媽：「我幫妳報了免費的課後輔導，妳去吧。」

女兒發現家裡沒錢幫自己交學費，卻能幫二哥買房子，生氣地回家質問。媽媽：「妳是女孩，我養妳到十八歲，妳就該自己出去養活自己了，不會寵著妳。」

後來我終於想到一點，能夠幫我合理化這個現象：這個媽媽面對女兒的時候，是逃避和疏離的，這背後可能暗藏了她對自己女性角色的輕視和排斥。而女兒作為第一個在她面前完全弱勢的同性個體，成了她對女性身分的矛盾心情的受害者。

02

有時候我會想，這個媽媽身為一名母親，看到自己的親生女兒受盡屈辱和冷落，承受如此不公平的待遇，內心真的沒有一點點感覺嗎？

答案可能是，真的沒有。

我很好奇她是怎麼做到讓自己封無視女兒所有的哭喊和

委屈，而假裝什麼都沒有發生過一樣？

後來我看到原著提到她自己就是個「扶弟魔」，跟丈夫的婚姻就是一場交易，因為丈夫家是有錢人，她要幫助家裡完成階級的轉變，而丈夫則是看上她的漂亮和能幹。

我並不是說交易不好，但是在這場交易裡沒有愛，只有女性的自我犧牲和成全。在這樣的交易裡，她學會了一個簡單的道理：我不重要，男人才重要，所以我要生兒子。這個老公靠不住，我要生個能給我撐場面的兒子。

她是個在苦水裡泡大的女人，生活使她的雙手布滿老繭、皮膚龜裂，面對女兒又白又嫩的小手，她的心情是非常複雜的。

第一層是恨。

曾經我有的，已經被摧毀。摧毀我的那些人，是男人，是父母，是時代，也是我自己，這些人太強大了，我無法報復任何人，我也無法恨他們。

那些恨像一鍋滾燙的水，每日都在冒著泡泡翻滾著，無處安放，沒有這個女兒的時候，平日裡自己還可以費盡心思把這些恨藏起來，她甚至想過要離婚。

可是女兒出生之後，她的最後一條活路也被斷送了。每天看到女兒在自己眼前晃來晃去，那些恨被不斷地勾引著，結果女兒就成了她恨的代罪羔羊。

第二層是嫉妒。

憑什麼我要接受命運的安排，我要接受生活的磨礪，只能眼睜睜地看著自己白白嫩嫩的小手，長滿了老繭，看著自己跟一個窩囊的男人生活一輩子。

妳卻可以去讀自己想讀的學校，妳卻可以為自己的夢想奮鬥，妳卻想要活得有尊嚴，活出妳自己？

女人都是這樣過的，妳怎麼可以例外？假如妳真的成了一個例外的話，那是不是意味著我的今天，原本也可以不必過得這麼慘？

我妒忌妳的敢作敢當，勇於去做自己，但是我永遠不會讚揚妳、認同妳，因為那是在打我自己的臉。

第三層是輕視。

這樣的媽媽看待女人，總有一股多年媳婦熬成婆的悲涼。

我年輕的時候謹小慎微，看父母的臉色討生活，為了全家傾盡所有，包括我自己的身體、婚姻和未來，才能夠在那個家站得住腳，有了一點點的位置。到了這個家，終於到我「鹹魚翻身」的時候，家裡的一切大權我說了算。

妳現在正處在我當年的位置上，而我掌握了妳的生殺大權，憑什麼妳不向我低頭？

妳應該像我當年一樣，謹小慎微，把自己當成乳牛，吃的是草擠出來的是奶，供養全家才可以。憑什麼妳非但不如此，還敢跟我頂撞？我給妳飯吃已經夠仁慈了，妳竟然還不知足？

扭曲的認知，會讓一個人失去本性中的愛和善良。

不知道如果這個女兒結了婚， 她也有個女兒，她會怎麼對待自己的女兒。她會重蹈媽媽的覆轍嗎？她會跟自己的女兒親暱嗎？會像當年自己被忽視一樣忽視她嗎？

還是會教她女人要自立，要靠自己，其他人都靠不住，做個女強人呢？

我不知道。

03

在我們有一個孩子之前，我們常常會想：我一定不會讓我的孩子經歷我曾經的痛苦，我一定不要做個像我媽媽那樣的女人。

但結果常常事與願違，儘管我們小心再小心，結果往往還是多年以後，午夜夢迴的時候，恍然發現自己竟變成了自己媽媽曾經的樣子。

恐怕面對劇中的媽媽，女兒內心也無數次這樣告訴過自己，我長大了絕對不要像我媽，可惜爸爸給過她一個評價：妳太像妳媽了。

她身上的強勢，她的有苦不解釋，她的咬牙獨自承擔，跟媽媽其實是一樣的。

媽媽面對生活給她的苦，只能在照單全收的同時，一點點把自己磨得皮粗肉厚，好讓自己沒那麼痛。她不停地為自己打麻藥，不去體會那些無奈和不如意，變成了一個看上去強勢冷血的人，連帶著女兒的委屈和痛苦也一併隔絕了。

媽媽一生都在聽從命運的安排和反抗命運的安排之間擺盪。

她好勝，好面子，想要別人瞧得起她，賣了房子也要讓老大去海外留學。她幫助原生家庭翻身之後，原本是想要和一個她以為會愛她疼她的男人一起遠走高飛，那是她對命運的反抗，可是最後命運弄人，她還是留了下來。

她漂亮能幹，做事俐落、果斷、有主見，假如放在一個更好的時代，她跟丈夫會是完全不同層級的兩個人。但就因為她是女孩，她的人生就要為弟弟鋪路，她永遠不能做自己人生的主角。

這女兒的一生也在反抗一個同樣的問題：我是女孩，我不比任何人差。

她想要證明給所有人看，她希望透過自己的努力，讓自己可以被善待。所以她兼好幾份差賺錢養活自己，還要上街發傳單；別人睡覺的時候，她還在苦熬讀書，她為自己規劃未來的人生。她拚命抓住每一個從她身邊擦身而過的機會。每個困難時幫過她的人，她都記在心裡。

不管周圍的人給她以什麼樣的惡意，她始終沒有讓自己絕望。

她的外表長滿了堅硬的刺，內心卻在某個角落暗暗藏著一個柔軟的空間，期盼著有一個真心愛她、懂她的人來軟化她。

女兒一直在等，媽媽也一直在等，正在看文章的你或許也在等。

但終究，只靠等是不行的，還需要拿出向命運抗爭的勇氣來。

當一個女人自己都放棄自己的時候，世界就會繼續還以殘酷；當一個女人去拯救自己的時候，全世界都會向她臣服。

媽媽曾經抗爭過，最後卻向這個世界棄械投降了，六十歲就猝死了；女兒也真槍實彈地抗爭過，抗爭的同時，擦亮了雙眼，活得越來越透徹。

當她超越性別，超越原生家庭，超越自己時，她就是自己生活的主宰。

我看到有越來越多的女子，活成了女兒後半生的樣子。希望這個世界，能夠對每一個努力的女人溫柔以待，不辜負女兒們那顆哪怕歷經刀山火海，依然努力保持溫度的心。

鞏固婚姻的真相：動態平衡地付出

文／夏一丹

2019 年開年，有部韓劇《羅曼史是別冊附錄》(로맨스는 별책부록)。

劇裡，入伍前的李鍾碩與時隔九年後重返螢幕的李奈映分別擔任男女主角。不必說這一段甜蜜暖心的姐弟戀情帶來的欣喜與美好，我想說的是劇中一對配角夫妻帶給我的深深的觸動。

與男女主同在一間出版社工作的徐英雅和奉志弘是一對夫妻，他們都是出版社的創社成員，都熱愛自己的事業，都善良真誠。

然而，這對觀念一致，結婚多年的夫妻，突然就離婚了。

我付出了那麼多，到頭來卻不如一個外人

奉志弘是窮人家的次子，他哥哥因公司倒閉進了監獄，一個大家庭全都靠他來養。

很顯然，這是一個重擔，可貴的是，職場實力派人物英雅對此非常理解，更可貴的是她毫不猶豫地與他共擔重任。

她對婆家人的關懷已經成為習慣，甚至比奉志弘更用心、更投入：

將婆家姪女們視若己出，帶姪女們一起去旅行。逛街時除了買婆婆的內衣和孩子的鞋子，還惦記著要為大嫂買件好看的大衣……

也因此，徐英雅雖然是一流出版社的組長，收入豐厚，但卻選擇撙節開銷，花錢畏首畏尾，買東西也只敢去地下賣場。

這樣的付出，徐英雅始終心甘情願，無怨無悔。

直到那次與丈夫奉志弘一起逛街時，一個小插曲的發生。

那天，徐英雅和奉志弘一起，買好家裡人需要的東西後，她被一雙漂亮的鞋吸引，在老闆的邀請下進店看鞋。

想不到在詢價、問尺碼時，徐英雅遭到老闆的刻薄對待，被嘲諷和嫌棄：根本就沒打算買，還摸來摸去，剛開門就這麼倒楣。還被直接驅趕：快出去吧，我不賣了！

而對妻子經歷的這一切，老公奉志弘卻毫不在意，置身事外。

妻子滿懷期待與歡喜地進店看鞋時，他坐在一旁拿出一本詩集自己安靜地看；妻子被罵被趕愕然無措時，他不慌不忙地將書收起來，息事寧人地說「老婆，買一雙吧」；妻子和他說自己的委屈與怒氣時，他不以為然，輕描淡寫：「人家在吃飯，難免會嫌煩。」這還不夠，他還為對方辯護 —— 做生意總是會遇見各式各樣的人……

甚至他還一語點破了妻子的「真心」：說實話妳也沒打算買啊，一直在問價錢。

無論哪一句，都隱含著對妻子的打壓甚至責備。他既看不見妻子的尷尬、難堪和無助，更無視妻子的委屈和受傷；他不懂妻子的苦心與狼狽，更分不清自己的戰線與立場。

活生生一個事不關己的外人。

他在我身邊，有何用？

這對英雅來說，是一場羞辱。

所以，一直以來都像個大女人，將照顧婆家人視為己任的徐英雅，因為這個小插曲，情緒失控，當場爆發了，她歇斯底里地怒吼：「你在幫誰講話？你在偏袒誰？我是外人嗎？你該理解的人不是他，是我！我！」

出版社的組長，職場上的優雅女人，在那一刻硬生生變成了一個大吼大叫的瘋子。

事過良久，即便已經和丈夫離婚，在和別人說起這件事時，徐英雅還是瞬間眼淚洶湧，哭到停不下來。

她說：「我也想買鞋啊，我薪水低嗎？

「我為什麼沒買？為什麼一直問價格？先不說他不懂我的心思，但至少，那傢伙說我倒他的楣、想攆我走的時候，他當老公的應該責問那人『你怎麼這樣對我老婆說話』。

「這樣才算老公吧，不是嗎？」

誰說不是呢？觸動我的恰恰也是這一點：

夫妻生活中，有無數的雞毛瑣事，各種的分歧爭執。我得不到你的理解，可以試著接受;我為你默默付出無怨無悔，得不到回報，尚可努力隱忍。

可是在危機到來的時刻，那個你在心裡設定為最後保護者的人，卻眼睜睜地看著你倒下和破碎，還一臉無辜和茫然，甚至在最後，加上一句「你會受傷，錯在你自己」。

你傾盡所有，卻也落得一無所有。

所以，徐英雅說：他在我身邊，有什麼用？

婚姻的破裂，是內心邊界的淪陷

一根稻草根本不至於壓死一隻駱駝，婚姻的牆倒塌下來之前，其實早就有了徵兆。

卓文君曾寫下〈白頭吟〉：願得一心人，白頭不相離。

宋代有位叫李之儀的男人也寫道：只願君心似我心，定不負相思意。

天下每對夫妻，都盼著自己所有的深情被看見，所有的付出有回報；更盼著，在自己受到傷害的時候，能得到真正的安慰和庇護。

可是為什麼徐英雅付出那麼多之後，卻沒得到奉志弘的安撫和保護？

事實上，奉志弘對徐英雅的感激和愛是清清楚楚地記在他心裡的。

當妻子交給他離婚協議書時，他因為愧疚，忍痛同意了離婚，只希望這能讓她好過點；即便離了婚，他也始終將她當成自己的妻子，滿滿的牽掛，默默地盼著她再回來。

他也是個有責任心和悲憫心的人。

哥哥坐牢，他義無反顧養起全家；詩歌落沒，所有出版社不出詩集，他想出各種辦法爭取權利；一個頗具才華的詩人在窮困落魄中去世，他自責到辭職不想再當出版人；他負責的作家過生日，他準備禮物親自上門祝賀。

每一個人他都能理解和支持，每一件事他都全力以赴，卻偏偏，漏掉了妻子徐英雅，那個活得比他更像他的人。

因為英雅持續不斷的付出和不計較，可能他已經習以為常，也無以為報。甚至已經讓他產生了一個錯覺，她就是他，他也是她。

很遺憾，這不叫深情，這是一種共生。

「婚姻教皇」約翰·高特曼（John Gottman）說， 婚姻的基

本任務之一是在丈夫和妻子之間建立「我們」意識。說得更直接一點，就是夫妻之間一定是要同心協力，要團結。

但團結和共生，卻有天壤之別。如果說團結起來是力量，那麼共生底下卻是混亂和糾纏。

社會心理學有一個概念，叫自我邊界。

自我邊界是怎樣一個存在？

就像一幢房子會有牆，一個球場會有代表性的範圍一樣，人的內心世界也需要建立限制和空間。

顯而易見，房子蓋得越牢靠，就有越久的生命力；自我邊界越清晰，人際關係就越穩定與和諧。

可是在現實中，當一個走在路上的人突然被另一個人拿走自己手上的包包時，他的第一反應一定是自己的權益受到了侵犯。

但你因為內心的一些想法去承擔原本不屬於你的責備，並為此委屈和壓抑著自己，你卻有可能覺得這是天經地義。

這正是自我邊界的模糊之處。

共生式的付出，藏著他們更深的渴望

就像徐英雅和奉志弘之間，英雅為了家人，捨不得買一雙自己喜歡的鞋；奉志弘因為詩人之死而背上重負甚至不想再工作。

這的確很感人，可值得思考的是：

為什麼一個人要為了別人去做超出自己承擔能力的犧牲？又是為什麼，一個人要背負本不該由自己背負的包袱？

要知道，那所有多出來的付出和承擔，可能都只是自己的一廂情願和自以為是。

顯然，他們的付出，其實藏著他們更深的渴望，那便是，被認可和被愛。

為了得到這樣的認可與愛，他們都在共生式地付出。徐英雅與老公和婆家人活成了一體；奉志弘和他眼中的弱勢人物活成了一團。

而這，恰恰占滿了兩個人的情感空間。以致徐英雅都忘記了，她背負的責任已經太多太多；關鍵時候，奉志弘也忘記了那個他最該去保護的人，是妻子徐英雅。

所以，婚姻中的人，一定要遵守一條定律：

一旦你的付出得不到回應，就應該有所質疑，而不是用更多的付出去掩蓋內心的失望。

因為單方面的付出，只是單曲循環，只有雙向式的呼應，才可能築起內心穩固的城牆，庇護一對夫妻情感的周全到白頭。

離婚老公用撫養權要挾，為了孩子我該忍嗎？

文／劉鬱

問：

我和老公結婚就是一個錯誤。一開始我就知道我們不合適，但是已經有了孩子，只好結婚。

婚後，他從不為家裡出一分錢，家裡所有開銷都是我來出，現在我們住的房子也是我婚前買的。他偶爾做做飯，其他什麼都不管，經常在外面喝酒不回家。

我不知道他在外面是不是有情人，說實話，我也不在意，我只有一個原則就是他不要碰我。

這樣的婚姻已經很扭曲了，我提了離婚，但他說孩子必須跟他，但孩子從出生起就是我在帶，和我感情很好，現在一歲多。

我知道可以走法律程序，但是他平時對孩子不錯，還說自己可以不上班天天守著孩子。他不講理起來，完全是個無賴。

我不知道要怎樣才能擺脫現在的一切。

我是單親家庭長大的孩子，不想為孩子帶來不好的影響，您能給我一點建議和意見嗎？謝謝。

答：

妳的提問比較簡潔，但文字背後蘊含的訊息卻非常龐大，並且帶有比較鮮明的個人「表達風格」。在回答妳的問題之前，我們先來看看妳的「表達風格」。

風格一：觀點或結論缺少相關的依據，或缺少必要的邏輯支撐。

比如妳說：我和我老公結婚就是一個錯誤，一開始我就知道我們不適合，但是已經有了孩子只好結婚。

「一開始就知道不適合」到「因為孩子結婚」，聽上去像一個令人腦洞大開的「神劇情」，兩者之間缺少必要的事實基礎。

你省略的情節是整個事件的背景與過程，以致我不知道妳之前經歷過什麼；不知道妳在怎樣的情景與心境下，做出結婚這樣的選擇。

但好在「真事隱去，假語村言」本身是一種揭示，揭示出妳所迴避的部分。

再比如，妳說先生對孩子還是很不錯，可是通篇下來，我只看見妳「喪偶式」的育兒經歷：先生從不為家裡花錢，除了偶爾做做飯，其他什麼都不管，經常在外面喝酒，還常常不回家，孩子從出生就是自己辛辛苦苦在帶。

那麼他對孩子的「還不錯」展現在哪裡？是妳沒有如實陳述，還是遺漏或隱瞞了其他細節？

風格二：沉浸在無辜的「聖母」的角色裡，沒有自省的覺察。

「聖母」的形象是悲苦的、幽怨的，內心是糾結的、不甘的，她站在道德的制高點上俯視著身邊的人，只是現實殘酷，她卻無力改變什麼……

那麼，「聖母」有哪些特質呢？

1. 付出感

其實涉及選擇，人的本能總是趨吉避凶的，許多利他行為的本質也是謀求雙贏的。

但是「聖母」卻經常強調自己的付出，經常把「為了誰，為了什麼」掛在嘴邊，卻有意無意地隱藏自己的真正需求。

這種付出，既不是心甘情願地付出，也不是無怨無悔地付出。她的付出總是以犧牲為前提，類似於一場零和博弈，付出越多，犧牲越大，損失也越慘重。

妳說自己當初為了孩子選擇結婚，現在又為了孩子忍受著一切。

愛孩子本身沒錯，但強調為了孩子忍受這一切，卻大可不必。即便忍下去，也未必值得。

幸福健康的家庭基礎是伴侶關係高於親子關係的。

伴侶關係經營不好，孩子從小在冷漠緊張的氛圍中長大，「不好的影響」才是最嚴重的。

2. 無辜感

無辜感如同一道「免責宣言」：這不是我的錯，我已經這麼痛苦了，全是你的錯！

但是一段長期關係的達成與維繫，是兩個人共同塑造的結果，沒有單純的受害者與加害者。

如果以全景的視角來看你們的婚姻生活，妳真的是那麼無辜嗎？

這個妻子從一開始就不愛先生，也知道兩人不適合，但兩人還是發生了關係，並且因為懷孕結婚了。產後一個月，妻子就準備離婚，並且一直拒絕夫妻生活。

拋開母親的角色，這個妻子是相當草率而冷漠的。妳一直在數落先生的種種不是，卻對自己的問題缺乏審視與反思。

從「一開始就覺得不適合」到「結婚」，並不是必然的單選題，這中間有很多妳可以主動把握或彌補的機會：

如果覺得不適合，可以選擇不要交往；

即便交往了，可以選擇不輕易發生關係；

即便有了親密行為，可以選擇做好避孕……

不知道妳在這之間做了什麼或沒做什麼，總之最後的「因為孩子而結婚」成了妳的必然選擇。

如果從一開始就覺得這是個錯誤，妳是如何讓這個錯誤發生並存在的？又是如何一步步走向失控的？妳在整個事件中應負哪些責任？對此妳卻隻字未提。

之所以要在回答妳的問題之前，剖析妳的「表達風格」，是因為妳對自己的「表達風格」 可能是沒有清晰認知的。

如果可以像照鏡子一樣，看見一個更真實、更全面的自己，相信今後做選擇的時候，因為有了「自知之明」，妳會增加選擇清晰度與方向感。

接下來，回到妳的提問，我給妳的建議是：

一、客觀全面地評估自己的婚姻，尤其是將過去迴避的或遺漏的信息，重新納入視角，先嘗試修復婚姻。

在這裡，可以先追問自己幾個問題：

當初先生吸引妳的特質有哪些？

這些特質現在改變了嗎？

在你們相處之初，妳對這段關係的期待與需求有哪些？

對於妳而言，嘗試婚姻修復的意義在於：

妳不再是一個被事件捲入的無辜者，妳要學習做一個有目標的執行者。

憑著對自己和孩子真正負責的態度，主動採取行動，勇於嘗試。

即便失敗了，也因盡力而為，不遺憾，不後悔。

二、如果修復婚姻失敗，可以採取的離婚策略。

(1) 準備離婚與進行離婚是兩個不同的概念，此時更需要的是執行力。

(2) 把所有涉及離婚的事項考慮清楚，比如孩子撫養權的歸屬，是否存在共同債務，財產分割、撫養費給付，對孩子的探視權等問題，必要時可以尋求律師的幫助。

(3) 主動收集證據，但不要打草驚蛇。

妳要知道，到了離婚的進行層面上，他回不回家，外面是否有情人，這些資訊都與妳能否順利離婚有關，與能否保障妳與孩子的利益有關。

目前妳與先生最大的爭執是孩子的撫養權。妳要先釐清他爭取孩子的撫養權的動機是什麼？是捨不得孩子嗎？或是不想離婚？還是想要多分割財產？

如果妳所說的「他從不為家裡出錢，孩子從出生就是自己辛辛苦苦在帶」是真的，那麼基本上可以排除他不是真的捨不得孩子，換句話說，他並不是真想要孩子的撫養權。

至於「他說他可以不要工作，天天守著孩子」。一個經常不回家的男人忽然來個 180 度大轉彎，從此變成一個盡職盡責的全職爸爸，究竟有多少可信度呢？

而且一個人的話越是誇張和過分，就越是存在漏洞，也越是可疑。

分析至此，妳要知道，在爭取孩子撫養權的問題上，講道理與談感情都是沒有用的，妳需要的是制定理性的戰術，變被動為主動。

那麼該如何行動呢？

A. 同意撫養權給他，看他如何達成「天天守著孩子」的承諾。

B. 沉住氣，靜觀其變。

C. 如果妳可以做到以上兩點，往往男方會自亂陣腳。

為什麼？

因為他的真實目的不是要孩子，孩子不過是他要挾妳的手段。

D. 等他主動找妳，把孩子送回來。

孩子的問題之所以成為妳的弱點，是因為妳相信他的話，不想、不敢做這樣的嘗試。

如果你抱著「與孩子一刻也不能分離」的心態，那麼這個弱點就會是妳的枷鎖，妳提離婚就只能是想想而已。

但這種情況下，一些女人根本聽不進旁人冷靜的分析，從頭到尾只會碎念：不行，我不能失去孩子，你不懂一個做母親的心，我哪怕窮死也要帶著孩子，我做不到這麼狠心。

每當這時我都想大吼，誰讓妳真的放棄孩子了？這不是幫妳爭取應得的利益嗎？讓孩子跟著妳過風雨飄搖的日子，就是妳所謂的母愛？

最後的建議：

希望妳接受專業情感指導，開展有針對性的「一對一」的諮商。妳說自己是單親家庭長大的孩子，那麼妳的「表達風格」很可能與妳的依戀創傷有關。

如果妳在生活中，經常感到「事與願違」，那麼進行專業諮商的價值與收穫會更大。

一朵錯誤的花朵，會結出什麼樣的果實？別好奇，也別僥倖，先遠離它，才不會被惡果所傷。

離婚一年後，前夫依然對我糾纏不休

文／崔樂會

問：

老師您好，我已經離婚一年多了，還沒有孩子。

但前夫一直對我糾纏不休，還罵我不守婦道，結婚了還和大學男同學散步聊天。

他對我有怨恨，之前他邊工作邊考研究所，研究所沒考上，一直耿耿於懷，覺得是因為陪我耽誤了他的時間。其實是他對自己要求太嚴苛，期望在一兩年內考上某所頂尖學院，是很難的，不是嗎？

令我意外的是，直到現在他還哀求我，叫著我的小名，說「我離不開妳，我們不要分開好不好」。

我是他的初戀，離婚後我一度覺得，我的離開是不是對他造成了心理創傷？往後的生活，他能遇到自己的真愛嗎？

一直覺得分手也好，離婚也好，應該是「君子斷交，不出惡語」的。他現在這樣糾纏，我很意外，也很無奈，更多的是煩惱。

現在這種情況真的很棘手，老師您有什麼建議或解決辦法嗎？

答：

離婚一般被看作關係的斷開、結束。

但實際上，形式上的離婚和心理上的離開，卻並不是一回事。

從時間上看，離婚一年多，時間不短了，按一般的理解，一切應該就此過去了，但是從妳目前的困擾來看，你們的關係仍然在影響著彼此。

他對妳的態度可以分兩部分：

(1) 恨意，所以有謾罵、有怨恨，不甘自己的犧牲付出，總之覺得不積怨在心。

(2) 情意，不想分開，不惜放下面子求妳和好。

不容忽視的是，這兩部分都是情緒的真實表達，但又一點都不真實 —— 正常的他沒這麼不可理喻，也不會那麼卑微地求妳。

他的態度對妳來說，是個大大的考驗。

「君子斷交，不出惡語」，以此可以看出妳內心最希望的分開，是和平的，最好是不傷害彼此的。

不管是他的恨意還是他的情意，都和妳想要的結局不一樣。

他的表現讓妳意外，妳時而覺得愧疚，怕自己曾經一起走過的人被自己所傷，時而又深受困擾，被他的行為所傷。

為何他不能像妳想的那樣好聚好散呢？在妳心裡，問題棘手的原因大概也就在這裡。

停下來，認清表面問題背後的矛盾

很多人碰到問題，第一個想到的都是怎麼辦，但過於著急想要處理好問題，就如同身在沼澤地中還慌亂地掙扎，很容易越陷越深、越來越無力。

這時候妳需要停下來看看：發生了什麼？可以做哪些有效的努力？

離婚是創傷，不是所有人都可以友好、溫和地面對，更不是每個人都能想得通、看得開。所以不管他的反應是恨意還是情意，妳真正要做的是接受這樣的回應，面對離婚「後遺症」。

面對他的恨意，妳願意承認自己就是傷害他的人。

面對他的情意，妳願意告別，允許彼此為自己的選擇買單、各自負責。

也許愧疚時妳曾這樣覺得，他不可理喻的時候你也慶幸你們分開了。

但如果這些只是充斥在腦海裡的想法，那不是真的想要知道怎麼辦，而是自己還沒有準備好。

面對問題，更加了解自己

如果說發現矛盾、解決問題有什麼意義，唯一的意義是讓妳更了解自己，繼而讓妳慶幸，這個離婚的選擇沒有錯。

兩個人在一起有感情，也都是善良的人，最初肯定都不想傷害對方，很多當時過不去的事在分開後也能看明白。

這就是「君子斷交，不出惡語」的狀態，也是以為一切可以得到完美解決的理想型。

但在妳過去的經驗裡，妳一定會發現，在實際關係中，每一次的衝突才是真實的。

理解是遠觀，相處是承受。

你們在一起的時候，一定都各自做過努力去解決衝突，只是，只有內心是好的，並不能阻擋糟糕的事情發生，並且每個人的能力都有限，並不能總是把問題完美解決。

因此，認清底線和邊界就很重要。

選擇沒有對錯，但只要選擇，就有一定的代價。

讓人真正困擾的，不是問題的複雜，而是選擇之後所要付出的代價。

這個代價妳可能想到過，但和你的初衷相違背，妳還沒有做好準備去接受——選擇了原來會是這樣的結果？原來選擇讓自己可能成為這樣的人……

這時候或許你會左思右想，於是干擾了做出選擇時的底線和原則，沒有了該有的邊界。也可能妳習慣盡量迴避有代價的選擇，於是把一個最理想的夢放在那裡，達不到就讓自己誤以為是沒辦法了。

其實沒有哪種選擇是完美的，目前你們已經離婚了，如果這是妳的選擇，也請妳下定決心，準備好面對對方對妳產生誤會、會不把妳當成好人、會獨自面對痛苦、會不記得妳是誰的情況。

妳需要接受的是，你們再無情感瓜葛了。

當然，妳也可以讓自己心疼他、擔心他，這將代表著，妳選擇放棄已經分開的關係狀態。

每一個強勢女人的背後，都有一段破碎的婚姻

文／Ally

如果用一句話來形容你的婚姻或者家庭，你會怎麼說？

有部連續劇是這樣的，裡面的人，都不太好。爸爸懦弱挑剔不講理，大兒子虛榮自私，二兒子無能啃老，女兒叛逆好勝。

而跟造成這一切有莫大關係的媽媽，在這部劇的開頭就已經去世了。

強勢女人的高壓婚姻：他怕了我一輩子

媽媽是個強勢而霸道的女人。

媽媽去世後，丈夫準備「私藏」亡妻遺留下的存款，被女兒看到，她佯裝要搶，爸爸趕緊打感情牌：「我被妳媽管了一輩子了，現在藏點私房錢不為過吧？」可憐兮兮的模樣讓女兒看了都好笑。

懦弱的爸爸和女兒，很多年都活在「強勢妻子一手打造出來的高壓婚姻、高壓家庭」之下。

女兒準備考大學時，媽媽為了幫兒子籌出國讀書的費用，賣掉了女兒的房間，讓正緊張複習的女兒無法安心休息。

參加考試前，女兒想要報名補習班，媽媽萬般不願，只讓她自己去參加學校免費的輔導班。

為了小兒子結婚，媽媽又強勢賣掉了家裡的房子，並對丈夫和女兒施壓，導致女兒一氣之下離家出走多年，直到她去世後才肯回家。

在一個強勢女人的統治下，一家人，包括丈夫、孩子都沒有自由和話語權。

這讓我想起鄰居王奶奶，她是有名的暴躁、潑辣，聽說王爺爺年輕時斯斯文文、不善言辭，是個老好人，一輩子都活在妻子的囂張氣焰之下，最終鬱鬱寡歡，早早就去世了。

有次帶另一半回老家，王奶奶向我傳授馭夫術：「老公就得管嚴一點！你爺爺就怕我，他怕了我一輩子……」

王奶奶的媳婦在旁邊偷偷跟我說：「別聽她的，我公公恨了她一輩子，臨死都不想看她一眼！」

不知道是不是聽到了這句話，王奶奶臉上那得意的笑容變得悲涼起來。

我感到莫名心酸，王奶奶，妳想要的，真的是讓他怕你一輩子嗎？還是，愛妳一輩子？

強勢女人的婚姻，一直處在權力爭奪期

我們在成長歷程中遇到的第一個強勢的人，常常是我們的養育者。面對強權，我們或自己習得這種強勢（如上述連續劇中的媽媽），或學著掌握面對強權的方式（如連續劇中的女兒）。

面對強勢的人，我們可能會有四種應對策略：

順從：我好害怕，我打不過你，我乖乖的；

抗爭：我要跟你抗爭到底，絕不服輸；

迴避：我（早晚）要離開你，不受你的控制；

報復：我要報仇，不管是明的還是暗的。

電視劇中，面對太太的強勢，丈夫採取了第一種策略，忍著，一輩子窩囊、受氣；女兒小時候採取的是第二種策略，抗爭、爭取自己的權力，然而，當她發現行不通、鬥不過時，她選擇了第三種——離家出走。

這也是很多男人面對強勢妻子會選的策略：剛開始不服氣，要跟女人爭個你死我活，經常吵架、爭鬥，這往往也是很多強勢女人的婚姻常態。

如果自己爭不過，或者厭倦了，男人或者就會選擇第三種，逃離家庭，不對家庭負責，躲得遠遠的，或者選擇第四種——報復。

某部電影中的男主角在妻子的強勢高壓下，選擇了出軌、提離婚，甚至自殺，這是一種最終極的報復。

由著名婚姻專家麥基卓與黃煥祥合著的《懂得愛》，書中提出親密關係發展的五個階段：浪漫期、權力爭奪期、穩定期、承諾期、共同創造期。

其中，權力爭奪期是夫妻最為痛苦的時期，尤其當其中一方特別強勢的時候，兩人就會選擇用爭吵、冷戰甚至暴力等方式來爭奪話語權和資源，而整個家庭會終日處在一觸即發、硝煙四起的戰爭中。

這個每天充斥著吵架、鬥爭的痛苦期，早就沒有了浪漫期的幸福甜蜜，這樣的婚姻不但對孩子的成長不利，更會嚴重傷害夫妻感情，很多夫妻都是在這個階段分道揚鑣。

強勢女人的婚姻，一輩子都處在權力爭奪期。這樣的婚姻，注定不會幸福。

想一想，好像這些結果，都不是強勢女人想要的。

不強勢，也可以得到愛

後來，聽媽媽講王奶奶年輕時跟小混混打架的故事，我說王奶奶年輕的時候那麼狠啊，把人家都打骨折了。

媽媽正色說：「如果她不狠，大概就被打死了。」

王奶奶沒有兄弟，只有兩個妹妹，父母和妹妹們性格懦弱，別人家欺負她家沒男人，都是王奶奶一個女孩子出頭，年輕時她就「辣名遠颺」，很多人都怕她。她結婚時就對丈夫的家人們下了個馬威，後來丈夫家道中落，家裡也是靠著她這麼厲害才沒有被欺負。

媽媽說：「你看，村裡很多孤兒寡母都要被欺負，王奶奶就沒有。」

那一刻，我對王奶奶產生一絲同情和敬佩。

如果不是生活所迫，誰也不願變得滿身尖刺，充滿攻擊力。強勢女人的前半生，全靠強勢支撐，這就是她們的生存法則。

越強勢的女人，越不容易，曾經的她們，必須非常用力才能獲得愛、關注和尊重。長大後她們把這種模式帶進了婚姻，用非常用力的方式經營婚姻、對待家人，希望他們用濃烈的感情回饋自己。

當然，效果往往適得其反。

因為，強勢是一種對待外人的方式，而不是對待家人的方式。我們與外人需要爭論對錯和利益，面對家人，我們的表達一般只有兩個目的：「表達愛」和「索取愛」。

強勢，看上去居高臨下，其實也是在用比較激烈的方式表達需求。

一對夫妻來做諮詢時，妻子覺察了自己強勢背後的念頭時，眼淚掉了下來，她說：

「表面上，我很凶很凶，要求他不准做某件事。其實，我還有好幾層意思。

「第二層意思是：我不希望你做 ×××，因為，那樣會傷害到我。

「第三層意思是：請你不要做 ×××。

「第四層意思是：求求你，不要傷害我。

「第五層意思是：求求你，愛我。

「越往深處想，我越發現自己的脆弱，越不能接受。我好害怕，我不敢暴露脆弱，只能用強勢對待他，我怕他傷害我。

「我就像一個時刻全副武裝、準備攻擊別人的戰士，一分鐘也不敢放鬆。因為，我怕，我怕一放鬆，馬上就會被攻擊、被拋棄。」

她老公聽完後，特別動容地抱住她，說：「我覺得今天才算真正認識了妳，以前我都不知道該怎麼愛妳。」

在婚姻裡，強勢女人想要的到底是什麼？

無非是愛、關注、尊重、認可，擁有一個幸福的、順心遂意的婚姻。

要知道，在婚姻裡，這一切都不能靠大嗓門和強硬的態度來獲得。學會好好說話，你才可以輕鬆得到這些。

有一方強勢的婚姻，是不健康的。無論是婚姻關係裡的強勢，還是親子關係裡的強勢，最終都會造成像那電視劇中的典型的悲劇家庭。

而真正的夫妻關係，需要平等和互相尊重。這種平等，並非是一直平等，而是偶爾你可以強勢，我先妥協，偶爾你也要學會讓步，讓我主持大局。

希望你，無須用力，就可以付出愛、得到愛。

前夫居然帶著我的孩子，跟第三者在一起

文／孫常寧

問：

我離婚了，一個人帶著兩個孩子一起，日子倒也平靜。

我跟孩子們正面談過關於離婚的事情，但是沒有說他爸爸出軌，也盡可能地給孩子們正向的引導。

但是，後來前夫試圖帶著第三者跟孩子接觸，我就很反感。

最近他還帶孩子們跟第三者一起吃海鮮，兩個孩子都幫我帶了吃的回來，尤其是兒子，帶了龍蝦回來，並且反覆叮囑我一定要吃完，表現得很懂事。

他平常生活中似乎也表現得比以前更懂事，我反而開始擔心孩子的這種表現是隱藏了他不安的情緒，因為他十一歲了，快要進入青春期了。

我也跟前夫溝通了，希望他不要再帶孩子們跟那個女人接觸，我不想在孩子們心裡留下傷痕！

不知道我做得對不對，還有孩子在青春期遭遇父母離異，怎樣才能最大程度地保護孩子的心理健康？

答：

父母離異之後，孩子可不可以跟第三者接觸，其實這件事是沒有定論的。

就出軌方來說，如果他想跟第三者生活，他就會試圖讓孩子接受他和第三者，因為這樣他心裡會舒服一點。

出軌者常常迴避一件事情，就是他的出軌帶給孩子們的傷害。

他寧願去想，他的出軌只是為前妻帶來了傷害，或者說是因為跟前妻不適合，才導致自己的出軌。他要盡可能地避免自己背負太大的壓力，這是一個本能的反應。

以前我也被問過這個問題，通常我會建議離異媽媽：如果妳覺得這樣很不舒服，或者說妳覺得第三者這樣的為人處世，會對妳的孩子造成不好的影響，那麼妳可以跟前夫交流，表明妳的態度。

妳可以根據你力量的強弱來跟對方提條件，有些母親是比較強勢的，她會非常明確地表明，如果你再帶孩子去見第三者的話，那我可能會減少你探視孩子的機會。有的母親，性格相對比較溫柔，她就沒有辦法把這樣的觀點清晰嚴厲地表達出來。

不想讓孩子見第三者，從情感的角度來說是非常可以理解的。可是，我們一定要了解，無論是在婚姻裡，還是在子女教育的問題上，抑或是在生活中的其他方面，常常妳的期盼是一回事，現實又是另一回事。

妳可以根據內心的需求提出一些要求，並且推動事情往自己期待的方向去發展；但同時我們也要接受一個事實，就是說有可能，我們為這件事努力了，但是並沒有什麼效果。

所以，關於這件事我的建議是可以去爭取，但也不必強求。

另外，妳的孩子就算接觸第三者，他們也不會背叛妳的。孩子對媽媽的忠誠，是很難被替換掉的。

反而是，如果孩子見到第三者，你的反應很強烈，表現得非常痛苦，這樣會對孩子造成一種特殊的刺激，反而使孩子非常關注第三者。

我想說的是，妳真正要關注的是，他們帶孩子們去做什麼了。

因為在離婚這件事情裡面，不撫養孩子的那一方，帶給撫養孩子的這一方的最大困擾是：他很少出現在孩子面前，最多一週一次，但他出現的時候常常會有些看起來非常好的表現，比如帶孩子去吃特別美味的東西，給孩子送禮物，帶著孩子去玩，滿足孩子一些願望等。

而他們做的這種度假式的給予，與一個需要為孩子的未來長期負責任的撫養者所做的那種有規劃、有規律、有節制的教育常常會有所對比。

所以，可能這個點會更重要，不要再把時間和精力放在與第三者見面這件事情上，妳都已經和那個男人離婚了，他是孩子的爸爸，他把孩子接走以後，如果他想讓孩子見第三者，其實妳並不一定能阻止。

還有就是說，即使孩子跟第三者有接觸，只要妳在孩子撫養方面引導得夠好的話，那第三者和孩子的接觸不見得能對孩子留下什麼傷痕。

反而，離婚以後，如果你們仍然還有一些糾纏，甚至還有一些怨恨，這一定會在孩子心裡留下傷痕。

父母離異，不論孩子在什麼時期，都是會對孩子造成一些負面影響的，但是，我們也會發現，合適和恰當的影響，也可以讓這件事變成讓孩子更好成長的一個契機。

一個人是不是能夠成長為一個心理健康的人，雖然受到原生家庭和父母的影響，但這真的不是唯一的因素。

如果我們想讓孩子在遭遇父母離異後，仍然能夠最大程度地保持心理健康的話，有兩件事要去做。

第一點是持續地讓孩子知道，在他的身邊有穩定有力的愛，而且這份愛會一直陪伴在他身邊。

第二點就是和孩子們一起去面對離婚帶來的影響。

有可能別人會議論，孩子的生活裡面爸爸媽媽不再是天

天出現了，也不會同時出現了，這些客觀現實是孩子要面對的，妳要陪孩子一起去面對，只要把它當成一個事實就好了。

現實生活中，讓我們痛苦的，往往不是已經發生的事情，而是我們希望事情沒有發生，不接受這個事實，這才是痛苦的根源。

如果我們徹底接受了事實就是這樣，那又能怎麼樣呢，對不對？我就是遭遇了離婚，遭遇了前夫對家庭的背叛和拋棄，這就是事實。

當媽媽坦然去接受這一切的時候，她不覺得離婚這件事一定會給孩子帶來問題，也不覺得青春期的孩子遇到這件事就一定會變得不好。妳相信他會好好長大，他就可以。

還有一點，就是孩子開始變得更懂事，這件事會讓媽媽感到心酸，做母親的都能夠理解，一個十一歲的孩子變得很會照顧媽媽，的確會讓人為這個孩子感到心酸。

但是，我們也必須要承認這本身就是成長，人總是要長大的，雖然稍微早了一點，但是成長本身就是成長，孩子也許並不覺得他的成長有那麼辛苦。

最後，我想給這位媽媽一個建議，既然妳已經看到孩子已經到了青春期，而且變得懂事，那麼請妳以後在很多事上，嘗試把他當成一個成年人來跟他進行交流。

也許他還不是特別懂得成人世界的事情，但是至少你要用尊重成年人的態度來尊重他，而不是只想把他呵護在妳的臂膀之下。

這樣，他就會好好長大，長成比他父親更有擔當的好男人。

老婆奴，究竟有多可怕？

文／綠米

「我事業失敗，都是老婆害的。」

老婆成了老公事業上的絆腳石，是老公成功路上的加害者。

相信這樣的鍋誰背誰冤枉，誰背誰「炸毛」，夫妻關係破裂也是隨時可能發生的事。

實則，這樣的老公們都是一副「甩鍋俠」的形象，常常用「甩鍋」的方式來處理生活裡的矛盾、事業上的挫折。

他們習慣了老婆的照料，愛自己勝過家人，對利益十分看重，遭遇挫折時又十分脆弱。

他們之所以會理直氣壯地「甩鍋」，原因很簡單：每個「甩鍋俠」背後都有一個「背鍋俠」。

你若安好，接盤到老

「你若安好，接盤到老」是一類老婆奴的潛臺詞，這類男人對老婆的意見言聽計從，能迅速察覺老婆的需求，可以說是情商非常高的類型了。

不過很多人會覺得這樣的老公「渣」，自己沒本事，只會向對方索取，娶老婆等同於為自己重新找一個媽，誰接手誰吃虧。他們心裡覺得老婆對自己好是理所當然，從來不會懂得感恩。

林先生就是這樣一個老婆奴，生活中他對老婆寵愛有加，不過大多集中在口頭上。

老婆生氣不想吃飯的時候，他會撒嬌賣萌說：「老婆餓死了，那我也不活了。」

老婆在公司受委屈的時候，他會站在老婆的立場上去哄老婆，幫著老婆去罵老闆，指責老闆不懂得欣賞老婆的好。

偶爾和老婆鬧小情緒，他也會主動服軟，買個小禮物給老婆……

職場上，林先生也很會討上司的歡心，他善於抓住人心，為對方提供情緒價值，這些都要歸功於他的「媽寶男」屬性，和媽媽關係親密讓他懂得察言觀色，關心對方的情緒和感受。

在某種情境中，這些其實都是不可多得的優點，能夠讓他利用這些優勢在一些人際關係中一帆風順。

不過一旦環境改變，他的低「逆商」(AQ)就會暴露出來。

林先生工作的地方是自己母親之前工作的公司，如今父母都已退休多年，公司裡大換血，沒人再「罩著」他，新主管只在乎員工實際上做了多少事，林先生的甜口滑舌不再管用，很快就被裁員了。

失去了工作的林先生面臨著前所未有的壓力，時間長了他老婆也著急，指責他一直啃老，因為婚後他的房貸、車貸都是母親支應的。

家裡的經濟壓力擺在那裡，要去面對現實，這時他開始變得脾氣暴躁，說這一切都是他老婆和他媽的錯，是她們要他在一個穩定的地方工作，就因為聽了她們的話，他才沒有出去鍛鍊過，不具備生存的能力。

但工作到底是誰的呢？穩定到底是滿足誰呢？

現實生活中像林先生一樣「啃老」的子女，背後的原因不一定只是子女需要，而是子女和父母相互都需要，這是一種無意識的共謀，父母願意接子女的「鍋」。

比如有的父母會勸子女再生一個孩子，自己會出錢幫忙養育，這也是希望透過給子女甩鍋來和子女繼續連繫在一起。

當子女們真正開始意識到自己過度被父母的愛吞噬以後，怨恨也會逐漸產生，如果他們已婚，洩憤的對象就很有可能從父母轉移到伴侶身上。

你應該一直站在我這邊

同樣被父母過度支配的，還有李先生。

李先生這樣的老公是典型的「別人家的老公」，還在學校的時候他就一直是資優生，外形也很帥氣，憑藉高智商、高學歷，李先生進了一家知名企業，娶了一個性情溫和、漂亮大方的老婆。

他們一起出席朋友的婚禮或者聚會時，大家都對李先生投來羨慕的目光，覺得他們便是天作之合。

但李先生最近很苦惱，覺得老婆和自己的距離越來越遠了，很多事情她都不再站在自己的立場上為自己考慮。他感到了婚姻的危機，同時覺得老婆有點忘恩負義。

李先生有一個特質是思考邏輯非常清晰，像一個人生導師，有很多經驗之談，他老婆當初就是被他這種特質吸引，覺得和他在一起人生都會變得清晰。

但結婚時間長了， 李先生這個人生導師的特質也讓他的老婆開始厭煩，有時老婆在工作上遇到了瓶頸，心情不太好，需要親近的人安慰一下自己。李先生就會立刻替她分析利弊，一針見血地指出她的問題，老婆求安慰不成反被教訓，想迴避還被「猛灌雞湯」。

李先生也會對老婆的朋友評頭論足，經常開啟貶低模式，認為老婆有些朋友不求上進，太貪圖享樂，老婆不應該與他們有太多接觸。他老婆也因此不敢請那些朋友到家裡面來玩，很擔心會發生不愉快的事情。

不過李先生對親人特別用心，逢年過節都會送很貴重的禮物，大家都誇他是個好老公、好女婿。

有次李先生在聚餐上多喝了兩杯，不經意酒後吐了真言，說起自己為什麼會娶這個老婆，因為她漂亮，名校畢業，單純，好駕馭，這樣的女人配得上自己……尷尬。

李先生是家裡的獨子，全家都對他寄予厚望，特別是父親，對他的要求特別嚴格，希望他能出人頭地，這讓他從小就覺得自己要撐起整個家的面子。

可是這個世界上沒有人是十全十美的，李先生也不例外，這也是他最害怕的事情。「一路開外掛」的他因為爭取升遷的機會頭痛，他擔心自己變成令人失望的樣子，所以更加拚命工作。

李先生回家的時間變少了，老婆常打電話讓他回來陪孩子，他不耐煩，覺得已經請了保母了，不需要花太多時間來操心，很容易影響工作。

對朋友的困難他倒是很用心，朋友來借錢，數目不小，他就立刻把錢轉過去，老婆知道後覺得自己不被尊重，他卻反咬一口說老婆不支持自己。他認為朋友都是社會關係，需要維持，老婆應該理解自己，應該站在自己的立場上來思考，而不是事事都需要他去商量、解釋。

後來李先生在工作中失去了升遷的機會，他也責怪老婆照顧不好家裡，總找他的麻煩，讓他分心，氣得老婆想和他離婚。

現實中有很多像李先生這樣的男人，看上去很自我、很強勢。從表面上看他們虛榮心強，總以自己的利益為先，但其實內心深處卻很「忠誠」。他們忠於父母留下的使命，發誓要做父母期待的樣子，才會變得有些缺乏溫情。

甩鍋俠的鍋誰來背

每個人從出生開始，第一個替自己背鍋的就是父母，那時候個體尚未成年，受到父母的保護和控制，這些早年經驗的確會對成年之後的行為、能力有影響。

林先生母親的過分呵護和李先生父親的過分嚴厲，導致他們在面對家庭時缺少了兩種能力：獨立自主和情感包容的能力。

不獨立的人通常表現為啃老，很多人覺得啃老很殘忍，一點也不顧及父母的感受。但對父母來說，孩子啃老卻會讓他們產生一種快感，那就是控制。

林先生在母親面前是個聽話的孩子，他的撒嬌裝可愛也都是以前對母親的情感表達方式。

這也許是因為，母親和父親之間缺乏情感交流，需要子女的愛來填充；另一個原因是，母親也曾經被愛控制過，現在也用同樣的方式來對待子女。

李先生的父親是個嚴厲的人，從小就為他制定很高的標準，一心希望他能成材。

父親當年沒能考上很好的學校，進入社會以後也處處碰壁，他希望兒子能出人頭地，來彌補自己當年未完成的心願。

而李先生對父母言聽計從，火力全開，讀書期間根本沒談過什麼戀愛，不懂得怎樣和異性相處，他只是經常聽到父親說如果不優秀，肯定沒有女人會喜歡自己。

林先生和李先生都是被「功能性養育」的孩子，他們完成家庭代際傳遞的願望，同時也繼承了這些代際創傷。

讓原生家庭「背鍋」無法讓創傷終結，只能造成一場又一場的悲劇，終止循環的方式只能從理解開始。雖然，過程並不容易。

如何打破甩鍋的魔咒

有時候，我們看到別人甩鍋會很痛恨，一是因為自己曾經也被這樣對待過，二是因為自己也無法避免這樣去對待他人。

這種模式，彷彿是一個惡性循環，處在這種模式中的下一代，有的受傷，有的因害怕受傷而妥協，最終成了自己討厭的樣子。

常聽到很多女人說現在好男人越來越少，沒有擔當，婚姻挺讓人失望的，無奈的是自己在無意間被對方吸引。

對一個女人來說，在成長過程中，缺少父親的關愛會讓她在今後遇到伴侶時感覺不到自己的價值，她們往往會選擇跟父親類似的伴侶，想修復沒能在父愛中得到的滿足。

而男人，若在原生家庭中沒有體會到父母相愛，沒有一個負責任的父親做榜樣，他們就會希望在婚姻裡找到支持。

只是，兩個人的結合，都會有多代創傷交織著，互相傷害的戲碼在所難免。要打破這個死循環，第一件事就是了解自己的模式和父母的模式有哪些相似。

我們通常在為人父母時更能對父母感同身受，也許是因為我們正在經歷著當年他們也在經歷的事情。當我們看到自己身上有父母的影子時，我們不用太快去下判斷，用心去感受那些情緒，儘管這可能真的讓自己很不舒服，也讓人無法原諒，但更重要的是這是發現為什麼的一個機會。

逐漸了解到自己與父母的模式以後，可以區分哪些願望是他們一直都需要滿足的，而自己受到了怎樣的影響，盡量用客觀的角度去看待自己所處的情況。

最後，允許自己做一個自由的成年人。每種養育方式都不會完美，我們可以不原諒成長過程中的傷害，但要有能力容納自己的憤怒。

為什麼有的女人很容易移情別戀？

原創／戴喆

問：

我和老公相識於蒼翠的山腳下。他大我五歲，溫柔體貼。生理期時他會幫我買黑糖，工作中遇到困難了他也會幫我解答。反過來，他生病了，我也會心疼地跑去幫他買藥……

有一天，在一家星巴克的街角，我竟然遇到了自己大學期間暗戀的學長。不知算不算幸運，他和學姐分手了。那天我們攀談了起來。

之後，因為老公常常加班，我下班早，就和學長一起去逛書店。再後來，他跟我表白了。

可是，我已經懷孕兩個月，有了老公的孩子。

我沒有「還君明珠雙淚垂，恨不相逢未嫁時」的堅決，但我也不想對不起老公。

一邊是溫柔的丈夫，一邊是熱情的學長，老師您說，誰是我的真愛？我該怎麼抉擇？

答：

每個人對真愛的定義，決定了他的人生軌跡。

想知道誰是妳的真愛，先得知道妳對真愛是怎麼界定的。

每個人對真愛的界定都不一樣，有的人追求感覺，說白了就是激情。此類人看到對方以後，體內的多巴胺、副腎上腺素、苯乙胺指標急遽上升，產生極其強烈的快感。如果妳覺得那種感覺是真愛，也就是說，妳認為激情就是真愛。

但是顯然，我們不太可能和同一個人永遠保持激情。感情經歷豐富的人都知道，我們一生當中會對很多人，在某一個當下產生強烈的、美好的感覺，那些感覺都是真實的。

要知道，能在星巴克的街角遇到學長，就能在下一刻的轉角遇到新的真愛。而同樣地，對方也有這種可能，轉角遇到一個學姐覺得又是一個真愛了，他的熱情也會跟著「愛情來電轉接」。

所以要接受這種愛情觀，就要接受感受的不穩定性，也就是要接受一個親密關係不穩定的人生。

對於持有這種觀念的人，我唯一的建議就是不要生孩子。

對真愛的詮釋我不評判，我只知道對於每一個孩子來說，他們都希望有一個穩定的家。所以在能為自己的決定負責之前，就先不要替孩子的人生負責了吧。

心理學家對於真愛的界定

心理學家史坦伯格（Robert J. Sternberg）也提出了一個真愛的界定，他認為真愛的組成部分有三個：激情、親密和承諾。

「激情」是情緒上的迷戀，像上面說的，跟體內分泌的化學荷爾蒙有關；「親密」是指在愛情關係中能夠引起的溫暖體驗，這和我們平時感受的分享、長期的合作都有關係；而「承諾」是指維持關係的保證和自我約束。

重點說一下「承諾」，承諾是一種契約精神。即我承諾我為自己的選擇負責——

無論他將來是富有還是貧窮，無論他健康還是患病，無論任何原因，我都願意愛他，照顧他，尊重他，接納他，永遠對他忠貞不渝，直至生命盡頭。

承認真愛需要契約的人，他就是承認這個世界是動態的，人的需要也是變化的。

我今天需要溫暖，他溫暖地對待我，我就感覺好滿足，但是如果明天我需要熱情，而他沒有熱情，我還能不能繼續和他在一起？可能這就是那個神聖的儀式，以及那張結婚證書所擁有的意義。

世界上沒有任何一個人能夠滿足你全部的需要，如果沒有契約、沒有承諾，所有的親密關係最終都會因為彼此需要的不滿足而走向分離。

所以你如果記得那個承諾，就該知道，當你們之間產生衝突的時候，你首先應該想辦法解決衝突。彼此之間無法滿足對方的時候，你們也該首先想到溝通，想到一起面對，想到以關係為前提，在不傷害對方的基礎上怎麼滿足自己。

兩個人在一起開心的時候怎麼對待彼此，不需要契約；在一起不開心的時候怎麼對待彼此，才需要契約。

另外說一句，男人比女人更在乎契約性，更深層的原因是，女人可以肯定孩子是否屬於自己，但是男人不能。

所以如果妳懷著孩子時仍然可以接受另一個人的求愛，且並不是因為妳和丈夫之間的關係有什麼問題，那顯然妳給別人的印象是，妳是不穩定的，沒有契約性的。

負責任地說，妳的學長會因此不安。他很可能會在你們的關係中有所保留，特別是保留承諾的部分。

可以預見，如果妳未來想和學長往結婚的路上走，那會遇到怎樣的坎坷。

這個世界是複雜的

對於妳所提問題的最後一句，我也想說說 ——「一邊是溫柔的丈夫，一邊是熱情的學長，我該怎麼抉擇？」

從這一點不僅能看出，他們對於妳來說不過是「魚與熊

掌」的關係，而且更能看出妳對於這個世界的理解。

在我們的世界裡，一切是靜態的、簡單的。

丈夫的溫柔，學長的熱情，是各自具備單一屬性的兩個選項，這就好像兩根不同口味的冰棒，你不可能吃著巧克力的，然後口中突然冒出香草的味道。

然而事實上，人可比冰棒複雜多了，每個人都不可能是單一屬性的。

溫柔的丈夫有可能優柔寡斷，熱情的學長也可能比較衝動。每一個人都是由多個元素組成的，而更可怕的是，這些元素還是隨時變化的。

人都會成長、發展、改變，學長和學姐在一起的時候，也可能海誓山盟過，但是他變了，他有了新的想法和體驗，於是他向另一個女孩表白了。

這種複雜性和動態性才是這個世界的本質，對於還無法接受這個事實的人們來說，我的建議是，先不要走入婚姻。

婚姻真的很複雜，雙方常常存在習慣的矛盾、觀念的矛盾、關係的矛盾等等。妳和他來自完全不同的兩個家庭，因為過去的經歷不同，你們所看到的世界完全不一樣。

每一個據理力爭的爭吵，都是彼此內在複雜經歷的呈現，在沒有心理準備去面對這些的時候，你們即便有承諾也都是虛張聲勢。

所以我給大家最直接的建議是，如果你還是個「巨嬰」，就先想辦法成長為一個成人吧，結婚什麼的，等成人以後再說吧。

如果已經結婚了，那沒有辦法，只能趕快學習，趕快成長，畢竟婚姻中多數的衝突是巨嬰解決不了的。

我沒出軌，很愛老婆，但是不想送她禮物

文／杜瀟婷

問：

每次老婆跟我要禮物我就覺得受不了，覺得這是對我的一種侮辱。

我最討厭節日了，每次節日老婆總明示暗示地說自己想要什麼，今天是口紅，明天是吹風機，而且只要我不送她就生氣，想要哄好就得買更多東西給她。

我沒事的時候自己就思索，為什麼無論什麼節日都是我送她禮物，她怎麼就不想著送我點什麼？

再說了，節日送不送禮物，是我說的算，直接跟我要算什麼？

節日送老婆禮物，送是情分，不送是本分，哪有送禮物就是愛你，不送禮物就是不愛你的說法？

老師，我好苦惱啊，我該怎麼辦呢？

答：

你好。我能夠理解你的煩和生氣，太太「不買禮物就是不愛我」的做法，即便背後有原因，但本質上是情緒勒索，自然會讓人不舒服。

基於現在是我們自己找解決辦法，接下來的角度，我們少分析對方一些，多看向自己身上一些。我看到你有個人的情結在，又有常見的一些問題，所以我們分兩部分來聊聊。

01

先說說自己這部分。看到老婆要禮物你的感覺是「被侮辱」，這裡面很可能包含你對太太類似這樣的解讀：

她提要求的方式或語氣讓你感覺高高在上，而你是被考驗的對象？

你一直被要求證明你對她的愛，這讓你感到對方的不信任？

對方不尊重你的意願，只顧強迫你這麼做？

你感覺自己無力捍衛自己，不這麼做會被對方扣著大帽子指責（比如身為男人卻這麼小氣），等等。

從正常狀態來說，在這個場景下感覺到「被侮辱」，是有點特別的，這裡應該有你自己過往經歷的影響。如果我們要解決這部分，關鍵在於去修復過往的那些心結。

人的心理機制是這樣運作的：

外界發生了一件事→對方的表情、語氣、言辭、所在場合等喚起了我們曾經類似的記憶→我們曾經對這種場景有一個固定的解讀→情景重現，我們的價值感受到波動。

有情緒浮現→浮現的情緒讓我們暫時無法正常看待新情況，會根據過去的記憶對現狀產生認定和推測→如果推測對自己不利，我們會採取對抗的反應方式→不能解決現狀問題。

所以你要打破這個連結，就需要慢下來，深入感受，檢視送禮物這件事情，讓你聯想到了什麼過往的情況，什麼原因讓你感到受傷。

這個時候，是需要心理諮商師的介入和幫助的，一起體會那些過去被壓抑的感受，從而解鎖過去事件對現在的強烈關聯，讓你對現狀產生新的理解，從而找到更有效的解決方案。

02

另外，我感覺到你心裡有種不平衡感，也渴望在感情中獲得同樣的回饋。所以你需要問問自己：

在這段關係裡，她在乎和關心你的方式是什麼？一定有一些理由讓我們留在關係裡。而對於這方面的認知，你可能存在但不限於以下幾種情況：

1. 立刻腦子短路，感覺就是想不出來。

通常這是因為我們不滿的情緒累積了太久，導致我們對關係喪失了信心和耐心，不願開放內心去感知和接受對方的好意。

這時候就需要先停下腦子，別再想「為什麼」了，用運動、音樂、諮商等舒緩方式釋放情緒，為我們的心充電。等身心平衡之後，再回頭理性地評估這段關係。

2. 你想到的都是對方跟你賭氣、對你埋怨、總愛翻看你的手機等感受不好的回憶。

這常常意味著你的伴侶愛的能力比較低，增強雙方情感連結的方式背後總帶著對你的要求和控制，這時候就不是解決「送禮物」一個問題這麼簡單了，而要想想什麼原因讓我找到這樣一個人？是不是我對愛或關係的理解出現了某些誤會？這時候，你就需要更新自己的婚姻觀，學習一些建立和經營關係的知識。

3. 細細思考過了，但好像對方所做甚少，確實沒有什麼印象。

這時候的關係，比起對方的控制，也許更多的是利用和忽略。

那也在提醒我們，或許我們從小就被培養要靠過度付出來維持關係，經常忽略自己的需求，所以能夠維持關係不分手或離婚，變成我們最重要的目標，其次才是公平或者滿足自己。

這種情況下，我們很容易找到一個索取欲望很強的人，來讓我們感覺到被需要、被抓取，從而在關係裡減少被拋棄的風險。

要改變這個，也得從自己入手，開始調整自己對關係的期待。

最後一個引起我關注的地方是，面對她的情緒勒索，似乎你一直選擇了一種「哄她」的處理方法。這背後一定有你的考量，但這樣做的結果是，對方和你會形成一個潛在的共識：你可以接受她這樣對你。

所以，你真的需要衡量一下，你是希望這段關係風平浪靜，還是希望這段關係健康一點。

如果是後者，你需要在梳理清楚後，把自己的想法告訴她，因為有時候恰恰是我們的隱瞞，以及後來對對方的不屑和內心遠離，引發了對方的不安甚至報復。

03

兩個人在一件事上價值觀不同。

最後，你的問題涉及一個普遍的關係課題：兩個人在一件事上價值觀不同。

太太的觀念裡，也許過節時男方送女方禮物是天經地義的，花錢是證明愛的重要方式，以至於她都不需要徵詢你的意願——如果不這麼想，這男的大概有問題。

而你的想法是「不送是本分」。所以在價值觀裡，你們兩個人之間的重大區別。

如果沒有磨合出兩個人都認可的表達愛的新方式，各自的價值觀仍然穩固，那就是「觀念不合」的情形，兩人需求不相符，關係破裂的風險很大。

以上是我根據你的問題，想到的一些情況。也許，你們還有其他的一些故事。如果需要，你可以找諮商師進行專業的諮商，那會給你更好的幫助。

第二章
情感經營學：婚姻與溝通

七年婚姻，我還是沒能讀懂女人

文／時敬國、潘幸知

淨身出戶的「頭號玩家」，到底有沒有過錯

在這個時代，打電動這件事，已經成為一部分人的生活，因為打電動而影響到情侶關係的例子也很常見。而婚姻中仍然玩電玩以至影響到夫妻關係的，男性居多。

很多妻子，苦男人打電動之「惡習」久矣。然而，這件事由於不如男人出軌這樣的事情更有衝擊性，所以一般都忍了。

直到四月分，一位電競直播主和妻子離婚的事件曝光。因為直播主在圈內的知名度，這件事才成了熱門話題。

事件男主曾經也是一名默默無聞的遊戲玩家，在幾年前選擇了當遊戲主播，憑藉高超的電玩技術和幽默搞笑的風格迅速紅了起來，有了許多粉絲，也賺了很多錢。

他的妻子在他口袋空空的時候與他開始交往，相伴七年。兩人生活甜蜜，直播的時候他們經常晒恩愛，這為這位直播主帶來了「直播第一好男人」的形象。

但實際上，婚後幾年裡兩人的衝突越來越頻繁、越來越激烈，最終兩人悄悄離婚。

妻子在社群平臺上說自己是「被離婚」，文字裡透露著傷心和哀怨，引起眾人的紛紛猜測。男方則貼了一篇長文，證實了自己「淨身出戶」的事實。

據網友說，他的「淨身出戶」意味著，做直播以來的所有收入都給了妻子，算上兩間房子，金額可觀。

根據兩個當事人對離婚原因的總結，丈夫的理由是妻子嫌丈夫打電動、開直播的時間長；丈夫嫌妻子管得多。而妻子的理由則如眾多女性一樣感性，覺得丈夫不想對自己好了。

但在妻子的社群帳號留言裡，我們卻看到了對她的一邊倒的攻擊。

從男方粉絲的發言中，我們看到了一個脾氣很好、對妻子十分忍讓的丈夫，也看到了一個什麼都不做，長年讓丈夫吃外食，還經常在丈夫直播的時候查勤、鬧事，曾經對丈夫動手，體罰丈夫的「變態」妻子。

對於事件的兩位主角的實際情況，我們不會太了解，對於他們婚姻裡真正發生了什麼，我們也並不了解。

所以，我們不去談論他們的是非，只希望他們分開之後，能夠從過去中走出來，找到各自的幸福。

值得我們關注的，也是我們今天要討論的，其實是以下觀點的對錯：

第一，女方七年，男方也是七年吧。

第二，男方並沒有出軌、家暴。

第三，據說他老婆在直播的時候不給他面子，對他動粗，體罰他。是我，我早就離婚了。

第四，男方是放棄財產吧？胡亂指責的人懂什麼是放棄財產嗎？說難聽點，現在這年代，連出軌的人都做不到這一點，我分你點錢，打發一下也完全可行。

值得讓我們注意的，是第二點和第四點，這兩點是留言者對於男主的支持和肯定。

我們看到這個留言裡隱藏著這樣一個對男人的價值判斷：一個不出軌、不家暴、離婚還肯放棄財產的男人，還能有什麼對不起妻子的嗎？

不出軌，不家暴，還肯放棄財產，的確能說明男人的一些優秀特質。但是，具備這幾個特徵的男人，就一定不會傷害到妻子嗎？

這還真不一定。

有一種傷害，叫「靈魂出竅」

小時候看電視劇《西遊記》，孫悟空有一種技能，叫元神出竅。肉體仍乖乖地在大家身邊。但他的靈魂，已經飛到九霄雲外搬救兵，或者找神仙老頭聊天去了。

如今，隨著網路的發展，現代人也都學會了這種技能。

而打電動的玩家，尤其「出竅」得厲害。一旦沉浸於遊戲之中，現實中如果有別人要想喚醒他，並不容易，有時火燒眉毛，對方的回應也只是「嗯嗯，啊啊」。

玩電動的人，大多知道一個詞叫做 —— 「掛機」，就是指一個玩家在打電動的時候，突然有事離開了，只留下遊戲裡的角色，在那發呆，停止了戰鬥，不管你怎麼呼喚他，他都一動不動。這種行為一般會讓隊友們非常惱火。

但是反過來，一個沉浸於遊戲角色中的人，在現實中也會出現「掛機」的狀態。你看著這個人在你面前，但他的喜怒哀樂，他肉體裡分泌的荷爾蒙和多巴胺，此刻與你毫無關係。

我相信，在婚姻關係裡，無論丈夫是靈魂出竅，還是現實「掛機」，身為妻子，都是崩潰的。

當妳叫了他一百遍他還沒有回到現實的時候，傷心、憤怒一定會湧上妳的心頭。這個時候，要求女人溫柔和耐心的確是強人所難。

但是，在當代的婚姻衝突中，這樣的衝突，實在是不夠普遍性和話題性，說出來，很少引起他人的共鳴。

在這個時代，一個男人只要有能力養家，不打老婆，不沾「嫖賭毒」，基本上已經可以被視為是一個好男人了。街坊鄰居同事，都會覺得這個男人沒問題。如果女人還抱怨，一

定是女人不知足。

但實際上，對於渴望與伴侶互動的女性來說，這種靈魂出竅的折磨，其實不容忽視。畢竟，這也是男人隔離自己情感的一種重要方式。

婚姻漸漸平淡的時候，在熟悉的伴侶之間，女性喜歡和男人保持情感的連繫;而男人則習慣有事說事，迴避情感的連繫。

這種迴避，大有文章。有的迴避太過於明顯，比如大半夜還不回家，比如晚上喝酒回家裝醉。甚至有時候，出軌也是一種對於伴侶的情感的迴避。

這些迴避，女人都可以堂而皇之地抱怨和討伐。但也有一些迴避，就非常隱蔽。比如，有事沒事就加班，有事沒事就需要應酬和出差，比如沉迷於打電動。如果打電動成為工作的話，那就更具有合理性 —— 我是在賺錢養家呀。

對於這樣的迴避，很多女性就只能乾痛苦，而無法抱怨。但這種迴避，為女性帶來的痛苦並不少，只是面子上稍微過得去。別人可以勸解自己，自己也可以說服自己 —— 丈夫不是不關心自己，他只是工作忙，或者他只是需要一點自己的興趣。

這些迴避中，的確有一些是男人的正常需求。男人需要自己的空間，需要一些東西把自己隔開。但這種隔絕超出一定限度的時候，便會讓女性無法忍受。

遊戲內外：他的多巴胺，和妳沒有半點關係

丈夫沉浸於遊戲這件事，尤其會讓女性感到痛苦的原因在於，有時候沉浸於遊戲的丈夫，會有太多的情緒起伏。

妳看到他在遊戲裡的專注，他的亢奮、他的緊張、他的在乎、他的喜悅、他的宣洩、他的痛快淋漓……但是，所有這些，和妳無關。

這些東西，是女人多麼渴望的呀！女人渴望在關係裡，男人也有這樣的表現，希望他可以為愛而情緒起伏，為愛而驚心動魄……

但是，這樣的感覺，太久沒有了。當男人身處在關係裡的時候，他們常常表現冷漠。

所以，女人對於男人在遊戲中的投入，是多麼嫉妒和恨。他在和一群陌生人打電動的時候，都可以如此投入，如此不吝惜情感，但卻不肯分給自己半分情緒。

和那些出軌的男人相比，出軌的男人至少還在現實世界裡，多少與自己還會有瓜葛。而沉浸在遊戲裡的男人，和妳根本不在同一個世界。

想到這些的時候，女性心裡的「惡魔」就會被勾出來，變成一副不可理喻的樣子。

然而現實是，遊戲越來越融入生活，生活越來越分不清虛擬和現實。一定有一部分人，漸漸地把遊戲當成生活。

如果他身邊，有一個渴望傳統婚姻、渴望人間煙火的伴侶，那麼，這種痛苦是注定會發生的。

這個世界越來越多元，每個人都有選擇生活方式的權利。如果一個人比較願意待在虛擬的世界裡，在那裡能夠得到足夠的價值感和意義，我們無權干涉他。

只是，現在開始，我們都應該看到這種不同的生活選擇為婚姻和情感帶來的影響。

如果你是一個想生活在虛擬世界裡的人，要考慮好，自己現實中的伴侶，能否接受你這樣的狀態。

如果對方可以安頓好自己，或者對方也可以在自己的世界裡找到自己的樂子。那麼，你們只需要在現實的伴侶關係中，保持一個相對疏離但又滿足一些基本功能的關係就好。

如果你是一個願意多留在現實生活中的人，且僅僅把現實生活當成真正的生活，那你不要去找一個經常神遊天外的人。除非你不靠他也能獲得情感的自給自足。

當然，如果不幸，一個虛擬世界的人和一個現實世界的人，已經走在了一起，已經發生了一些衝突。最好的選擇是分開，讓彼此按照自己喜歡的方式生活。硬綁在一起，對雙方都是傷害。而最終，傷害會讓兩個人都變得面目可憎。

在「吃雞」遊戲《絕地求生》的等待畫面上，有一行提醒，不太容易被看見。大意是：在遊戲裡和隊友穿行千里，也別忘了現實中和身邊的人出去走走。

無論遊戲的設計者是否出於真誠，對於這樣的建議，只要你真的熱愛生活，都應該認真地接受。

而虛擬時代的到來，靈魂的各自飛揚，終將成為每一對伴侶需要面對的重要議題。

夫妻聊天紀錄曝光，多少婚姻都死在了這件事上

文／茗荷

貝蒂和先生結婚四年，孩子一歲半，因為夫妻感情出現裂痕走進諮商室。

婆婆來幫忙帶孩子，總會因為育兒觀念不同跟貝蒂發生爭吵。貝蒂一開始還忍，可時間長了大家都忍不了，丈夫就開始責怪她，她帶年幼的孩子睡不好覺本來就很累，可是丈夫還指責她，她感覺十分委屈，就經常和丈夫吵架。

「對這種兩個人相處上的變化有過好好的溝通嗎？」

「有啊，當然有，可是沒用，除非是吵起來，才能引起重視。」

「吵架之後呢？」

「有時候有效，有時候沒效，重點是夫妻因為這些小事情彼此疏遠了，很不值得。」

聽到這裡的時候，我們需要讚美貝蒂對這種「小事」的在乎，她能夠未雨綢繆，僅僅因為溝通上的事情走進諮商室。

為什麼這麼說呢？

因為不少人根本意識不到溝通不良的危害，而是等到夫妻關係快要分崩離析的時候，才像抓救命稻草一般想要諮商師來力挽狂瀾。但那個時候，諮商師往往還是會提醒你，注意溝通的方式和技巧。

溝通到底有多重要？

很多無法挽回的關係，最開始的時候，也是甜甜蜜蜜、心無嫌隙的。只是在平淡而瑣碎的生活當中，雙方漸漸失去了溝通的欲望和習慣，或者一方忙於孩子的日常，或者一方忙於繁重的工作，我們逐漸變成了最熟悉的陌生人。

經典電影《愛在三部曲》(*The Before Trilogy*)，在前兩部電影中，偶遇的男女主角是精神層面相互契合，彼此怦然心動的。他們的很多對話都能讓人不斷回味。但當他們在現實層面結合後，卻跟普通夫妻一樣，面對生活中的瑣碎和不堪，他們開始吵架、冷戰，漸行漸遠，差點分手，還好最終透過勇敢地面對和超越常人的探討，彼此開始找到新的相處之道。

一般的情侶，或許也需要認真探討溝通對於關係的意義。

在心理諮商當中，諮商師經常會建議個案跟另一半做溝通，但我們時常聽到這種回答：

「溝通過，沒用的！」

「他那樣的人，別說溝通，剛開頭就會把你打斷。」

仔細問下來，很多人的溝通，由於方法不當，一開始就是失敗的。

第一種：你應該……（道德評判）

林子下班回到家，手上提了大包小包，想說孩子要回家了，匆忙離辦公室就沒拿傘，一路小跑回來，自己和手上的東西都淋溼了。

進門的時候，丈夫對她說：「妳有幫我買藥了嗎？」林子猛然才想起，她抱歉地笑了笑。丈夫緊接著說：「妳應該下班先去買藥啊！」

如果是日常聽到這種對話，林子可能還沒有那麼計較，但當時她跑得很累，又渾身淋溼了，手上一堆東西沒人接，還遭到丈夫責難，於是她一下子火就上來了：「我心裡擔心孩子沒人接啊！」

「你應該……」是我們在日常生活中經常聽到的對話，背後的潛臺詞是，你在當時的情況下，選擇了一種不明智的方式，你應該有其他更好的選擇或者是標準。

這其實是在用自己的道德評判標準（價值觀、信念等）來衡量、要求別人，將責任歸咎於對方。

但我們不能忽視的一個事實是，每個人的個性和處理事情的方式不同，所處的環境和條件也不同，選擇不同是非常自然的事情。

或許我們可以提建議，但並不是以一種「應該」的立場去顯示自身的明智。

第二種：那個誰誰誰怎麼做的……（比較）

阿肖的妻子最近過生日，他聽見妻子旁敲側擊地說：「公司的小藝最近生日的時候，她老公訂了一個超好的夜景房吃飯，還買了一個什麼什麼……」

本來老婆過生日他也準備好了禮物，準備一家人出去吃一頓，但是聽到老婆這麼說的時候，他反而失了興致，就草草送了禮物了事，連生日快樂也是讓孩子去說的，其他的溫情話也沒再說了。

妻子悶悶不樂的時候，可能還不知道自己的這種比較，已經成了丈夫不願意滿足她心願的阻力。

如同孩子不喜歡媽媽總是拿「別人家的孩子」來壓迫自己，夫妻之間，也是不喜歡這種比較的。

當你有意無意地突出他人做得好的部分，打擊、提醒伴侶做得不足的部分，這很容易給對方壓力。他就更不容易在自然的狀態下滿足你的需求，即便是迫於壓力去滿足了，也會心存不甘。

第三種：就是你，什麼什麼……（迴避責任）

在日常生活當中，我們免不了會遇到各種棘手的問題。不少夫妻在此時通常喜歡以「看看你，就是你搞的……」去責難對方。

這個時候，另外一方如果也不冷靜，雙方就容易把小事演變成一場「責任追究」大會，不歡而散。

實際上，當問題和困難出現的時候，當事人是感覺最難受和最需要理解的人，此時在身邊的伴侶如果能夠充當安撫者的角色，而不是指責者的角色，當事人更容易因為這種理解而心懷感激，平靜下來，從而找到解決問題的辦法。

如果當事人是兩個人，一方能夠主動承擔屬於自己的部分責任，甚至是多承攬一些責任，對方也會迅速從激烈的情緒當中平復下來，這有利於事情的解決。

在很多事情上，我們或許改變不了對方和外界環境，但是如果能主動承擔責任，勇敢地去行動，往往也是一個良好的開端。

第四種：你這樣是不對的……（執著對錯）

有一次在開會的時候，一對夫妻在場，丈夫剛剛針對主題說了幾句話，妻子當場就脫口而出：「你這樣說是不對的……」

當時丈夫的臉一下子垮了下來，臉上寫著三個大字「妳走開！」妻子顯然沒有照顧到丈夫的面子和情緒，把日常在家中的對話模式搬到了外人面前，瞬間激起了丈夫的不滿。

常言道，家不是講理的地方，對錯真的沒有那麼重要。雖然真實地表達自己的需求和觀念是必要的，但是，是不是要在一件事情上嚴格區分對錯呢？或許沒有那麼重要。

有的人甚至會因為擠牙膏從哪開始擠這種生活習慣上的小事遭受對方指責，最終受不了，離開另一半。

一方如果執著於另一方並不那麼在意的事情上的對錯，另一方會有很強的不適感。事實上，對與錯從不同角度看，結果並不一定相同。

比如，妻子認為丈夫應該少喝酒，保護身體，但如果丈夫那個時候因為沒喝酒，心裡非常不開心，去通宵打電動了，這或許對身體傷害更大。

我們經常讚美一個人情商高，其中一個重要特質就是，他擅長透過恰如其分的言行，讓對方感到舒適妥貼，並且達成自己想要的結果。

那麼，我們在溝通中有哪些是一定不能忘記的呢？

或許這個答案對不同的溝通對象來說都是不同的，但有一些共同規律我們可以借鑑。

區分事實和感受

印度哲學家克里希那穆提（Jiddu Krishnamurti）曾經說：「不帶評論的觀察是人類智力的最高形式。」

《非暴力溝通》（*Nonviolent Communication: A Language of Life*）的作者馬歇爾（Marshall Rosenberg）為我們講了這樣一則故事。

有一對夫妻，結婚三十九年，他們在錢的使用的問題上有衝突，結婚半年之內妻子就兩次透支了支票。從那之後丈夫就把支票本鎖了起來，再也不讓妻子去碰。為了這件事情他們吵了三十九年。

馬歇爾問他們：「在這個問題上，你們的需求是什麼？」

一開始他們都回答不出來，卻一致用評判的方法為對方貼標籤。

後來在馬歇爾的引導下，丈夫說：「我會覺得害怕，因為我需要在經濟上保護整個家庭。」

丈夫這麼一說，妻子瞬間就理解了，妻子說：「我會覺得羞愧，因為我需要被家裡人認同。」

當知道彼此的需求之後，他們吵架就吵不起來了。

非暴力溝通最重要的原則就是區分清楚觀察和感受，然後表達自己的需求和請求。觀察是客觀的，也就是事實本來的樣子，而感受卻是主觀的。

比如你沒有洗衣服，這是觀察到的，但「你一點都不心疼我」、「不替我分擔」，這卻是我們的主觀感受和評判。

我表達「你真不愛乾淨」、「不願意做家事」你可能會反感，如果我採用非暴力溝通方法，表達為：

你沒有洗衣服（觀察），我感覺到這加重了我的家事負擔，我感受到自己不被你心疼（感受），我希望你能分擔家務（需求），你洗衣服，可以嗎（請求）？

相信大部分人聽到這種表達方式都會欣然接受的。

帶著愛和信任去溝通

不少人在瑣碎的生活當中，很喜歡替對方貼上一些標籤，比如「他就是這種不思上進的人」、「她就是這麼懶，心不在焉」……

每次聽到這種評價的時候，我很期待他們能夠先放下對對方的期待和評判，用全新的眼光去看待身邊這個最熟悉的人。

我們的很多溝通之所以會無效，除了技巧上的原因，背後還隱藏著很大的不信任，缺乏真正的愛的流動。

比如，你覺得他不會帶孩子，與批評和指責相比，更有效的方式是你從信念上先相信他完全可以以他自己的方式把孩子帶好，並且充分地鼓勵他，讓他多參與，慢慢地讓他有參與感，並感受到成就感，把與孩子相處這件事情做好。

祕訣就是，你期望對方是什麼樣子，首先自己要沉浸在那種狀態之中，看見對方，鼓勵對方。

麻木，正在殺死中年人的婚姻生活

文／火小柴

最近我看了一部連續劇，這部戲圍繞著三個破碎的家庭展開，劇情有些狗血，卻讓我看到了許多中年夫妻的婚姻現狀。

多少中年女人在戲中的媽媽身上看到了自己。

她曾是醫院有名的主治醫師，曾對生活、對婚姻充滿嚮往。後來，她怕兒子在國外留學不適應，拋下奮鬥半生的事業，甘心做一個全職媽媽。

她對兒子說：「我在這裡陪你，是我的使命，我的任務就是保護你，讓你沿著我設定的軌跡分毫不差地走下去。」

她放棄了事業，放棄了自己的生活，放棄了自己的未來，把一切傾注在兒子身上。

叛逆的兒子，分居兩地的夫妻，破碎的生活，漸漸擊潰了她。

付出全部，換來的結果，卻是離婚。

她點燃舊信件，差點將房子燒毀；用酒精麻痺自己，不慎落水，差點喪命。

絕望的她說：「這明媚的陽光，怎麼就照不到我的身上呢？」

這樣的婚姻組合在現實中卻隨處可見：一個毫無保留為家付出的女人，和一個消失的男人。

每一個控制狂媽媽背後都有一個消失的伴侶

曾經有部電影中的女子，她不善言辭，有些笨拙。

吃飯時，她感謝老公，說不出甜言蜜語，只會笨拙地說句：「託你的福。」

但她愛這個家。面對老公出軌，她也不肯離婚。分房而睡，她低到塵埃裡，百般服侍老公，試圖挽回。

我們常常可以見到這種女人，勤儉持家，不求榮華富貴，不求濃情蜜意，只求全家健康平安。

但她的不幸也是最常見的不幸，沒有一個人記得她的好，沒有一個人感謝她的付出，反而嫌她、怨她。

這讓我想起一個在電影中看過的畫面。

在一片老式的住宅區裡，女人的家就在坡道上方。女人抱著孩子，獨自走在空蕩的上坡路上。只有孩子哇哇的哭聲，和女人筋疲力盡的喘息聲。

孤獨、靜默又聲嘶力竭，這是許多中年女性的真實寫照。

當走入婚姻，她就開始喪失了自己。

不管什麼年紀，只要沒結婚，都會被催婚催到懷疑人生。結婚了，立刻就從催婚無縫銜接到什麼時候生孩子。

有個作家說：孩子出生的那一天，「媽媽」也出生了，從一個女孩子、女子，變成了時時刻刻不知道「如何是好」的人。不僅自己不知道「如何是好」，也不知道要將孩子「如何是好」。

一個女人成為妻子，她對自己的認識就從一個人變成兩個人，生完孩子，就變成了三個人，時時刻刻想著家裡。

多少女人，變成了兩個人的保母，被困在其中。

長年累月，婚姻就像一場看不到盡頭的抗戰。

等到步入中年，別說甜蜜浪漫了，就連好好吃飯、好好說話都很難。

要說痛苦，好像也不怎麼痛苦。

但要說不痛苦，又感覺自己身上長滿了蝨子。

中年女性說愛情：看淡了，沒有，就算了

要說步入中年之前，有個孩子，好歹算是個寄託。

中年一到，孩子要不是在叛逆期，要不就是已經離開自己，進入大學或者步入社會。

家裡突然從三個人變成兩個人，這時，那種疏離感在空

空蕩蕩的房間中蔓延開來，壓得人喘不過氣。

2019年6月29日，四十八歲的韓國女演員全美善被發現在飯店浴室中結束了自己的生命。

她曾多次被提名韓國電影大獎，始終給予人希望和溫暖的形象。

即使2019年6月25日，全美善出席新電影的記者會時，依然笑容燦爛。

光鮮亮麗的背後，是死亡的婚姻和一團糟的生活。

她在生前打給父親的最後一通電話裡說道：「家裡有很多病人，很辛苦。」

父母是身體上的病，她是心裡的病。她常年患有憂鬱症。

她也曾在綜藝節目《乘風破浪》中坦露，結婚後，很少有機會見到丈夫，只有蜜月旅行的四天時間，才能和丈夫每天見面。甚至在懷孕期間，見到丈夫的次數也屈指可數。

需要照顧的重病老人，喪偶般的婚姻，壓力巨大的工作，這些苦都得自己吞，她連一個發洩的出口都沒有。

她的生活困境與我們是如此相似。多少女人與她之間只有一條狹窄的紅線，一旦崩潰，便會如她一般墜入深淵。

婚姻的意義是什麼？

龍應台寫給兒子的書中這樣說：你需要的伴侶，最好是那能夠和你並肩立在船頭，淺斟低唱兩岸風光，同時更能在驚濤駭浪中緊緊握住你的手不放的人。換句話說，最好他本身不是你必須應付的驚濤駭浪。

現實中，多少人的婚姻卻宛如一個黑洞，慢慢吞噬著自己。

我問過許多中年男人，在這種婚姻中，你究竟在想什麼？

得到的回答，幾乎都是如此：

工作，混到現在，基本就是摸到了「天花板」。薪水勉強還可以，但不敢跳槽，也知道自己沒什麼本事了。

老人，渾身是病，雖愁卻也沒辦法，我很想拿自己的生命換爸媽的健康，真的是天天在祈禱。

家裡，和睦不起來，一點交流都沒有，一言不合就會開吵，比不吵架還可怕的是，她完全不理你，把你當成空氣。

要不是有共同財產，要不是覺得孩子在單親家庭長大會不幸福，早就離婚了。

我知道我每天打電動，待在自己的房間裡，不交流，是在逃避。

但你問我想不想改變？

我不想，早就麻木了。

我也問過許多中年女人在想什麼？

很多人也這樣說：

我都這個年紀了，很多事情都看淡了，沒有，就算了，不也得照樣過下去嗎？

中年最可怕的不是痛苦，而是……

一個人最可怕的，不是憤怒，不是焦慮，不是痛苦，而是麻木。

他對一切都覺得無所謂，一切都算了，算了算了，一生就這麼算了，活著就像行屍走肉。

婚姻什麼時候不再痛苦？不在乎的時候。他隨便怎樣，都算了。在這背後，是渴望的喪失。

我們為什麼痛苦？

因為得不到，所以痛苦。可得不到的背後，是渴望。

每一個痛苦背後都有一個渴望。陷入迷茫，陷入憂鬱，陷入悲傷，陷入憤怒，陷入痛苦，都不可怕，因為它們在告訴你，你還有渴望，你還有渴望！

這難道不令人開心嗎？

或許，你渴望他的在乎。

有一天，你加班到很晚，回家吃完飯，他說：「今天你不用洗碗了，我來洗。」

有所渴望，就還能在細微之處看到婚姻的美好。

或許，你渴望他能站在你的身邊。

有一天，你跟同事聚會，喝多了，下意識拿起電話，問他：「能不能來接我？」

有所渴望，就還在心底最柔軟的地方深深依戀著他。

或許，你渴望他的依戀。

有一天，起床，你在做早飯，他靜靜地走過來，站在你的身後，就那樣默不作聲地看著你。

有所渴望，就還能彼此依戀，就還能感受到愛意。

如果你正在痛苦中，不要急著讓它消失，不要急著讓自己算了。

問問自己，痛苦在提醒你什麼，問問自己：「你在意的是什麼，你渴望的是什麼？」

然後，慢慢來。

漸漸地，幸福的門，會為你開啟。

那些令人窒息的控制欲

文／王宏梅

被困的托爾斯泰

俄國大文豪列夫．托爾斯泰（Lev Tolstoy）在《克萊採奏鳴曲》（*The Kreutzer Sonata*）中寫過一句話：

「我們像兩個囚徒，被鎖在一起彼此憎恨，破壞對方的生活卻試圖視而不見。

「我當時並不知道99%的夫妻都生活在和我一樣的地獄裡。」

這是他和妻子索菲婭的真實寫照。

索菲婭18歲時與34歲的托爾斯泰相遇、相愛、閃婚。

托爾斯泰在遇到索菲婭之前曾經過著花天酒地、放浪形骸的生活，與一個女奴長期同居，還育有一子。

熱戀中的托爾斯泰認為對真心相愛的人不應有任何隱瞞，於是他讓索菲婭看了他全部的日記，並且他們一生都在交換日記。這為他們後來的悲劇埋下了伏筆。

托爾斯泰婚前的生活讓索菲婭痛苦、沒有安全感，所以她一生都在透過控制托爾斯泰來維護自己的安全感。

她嫉妒所有與托爾斯泰親近的人，包括她和托爾斯泰的女兒、朋友，甚至托爾斯泰作品中的愛情，都讓她嫉妒得發瘋！

她不斷地與托爾斯泰爭吵，一生自殺過無數次，來逼迫托爾斯泰向她妥協。

她會跟蹤托爾斯泰，會發瘋般地翻找丈夫的書房抽屜，想要找出他的祕密日記，會撕毀丈夫書房裡其他人的照片，甚至會用自殺引起丈夫的注意。

托爾斯泰離家出走的想法越來越強烈，他想去一個可以逃脫妻子桎梏的地方。

在他們四十八週年結婚紀念日後一個月，凌晨三點，托爾斯泰被隔壁書房索菲婭搜查的響動聲吵醒後，極度絕望地離家出走。

十一天後，年老體弱、飢寒交迫的托爾斯泰死在了一個簡陋的鄉下火車站裡。

丈夫出走後，索菲婭又故技重施，試圖投水自盡。

托爾斯泰臨終前，她和子女趕往那個火車站。然而托爾斯泰只肯見子女，堅決不見她，在最後的時刻，托爾斯泰的遺言，實在令人心酸至極：

「恐怕我要死了…… 難啊…… 我要去沒人打擾的地方……逃走！……必須逃走！」

終於，托爾斯泰用死亡，逃離了四十八年的婚姻，逃離了他愛過又恨過的妻子。

托爾斯泰的例子雖然極端，但是現實中，也有不少夫妻在重複托爾斯泰的悲劇，用這種沒有邊界的方式相處。

你跟我結婚了，你就是我的

我的一名個案跟我吐槽他的妻子：薪水全部交出，手機隨時接受檢查。

碰到女生打電話她一定要旁聽，還時不時地插嘴來標明「領地」。必須報備每天的行程，甚至細到每小時。同事聚會，也必須傳定位給她，不僅如此，還得現場拍照給她，如果聚會中有年輕漂亮的女生，她必會再三盤問。

後來朋友學聰明了，拍照的時候不把女生拍進去，但時間長了妻子又開始懷疑：怎麼總是一群男人在聚呢？

有一天，他傳了照片之後，妻子火速趕往現場，發現他身邊就有一個「妖精」！

這還得了，妻子立刻衝上前揪住「妖精」不放，還厲聲責問：「妳跟我丈夫是什麼關係？！」

苦不堪言的朋友求妻子給自己一些空間，但妻子卻無比驚訝地睜大了眼睛：「我是你的妻子，難道還有我不該知道的嗎？你難道對我還有隱瞞嗎？」

丈夫爭辯道：「妳是我的妻子，可是我也有我的空間啊！」

妻子卻再次語出驚人：「你跟我結了婚，你的就是我的，你的一切也是我的一切！」

這意味著，結了婚，你就失去了自由，你必須成為「我的」，正如一位女性評價她和丈夫的關係：我的是我的，他的還是我的！

「我的」意味著我對你有絕對的占有權、支配權。你是我的一部分，你必須聽我的！

一句話，你必須接受我的控制。

有心理學家在描述這種控制型的關係時說，關係中強勢的一方把弱勢的一方當成自己的一部分，而不認為對方是一個獨立的人。

當另一方不聽從自己的時候，他就如同身體的一部分，比如手臂、腿不聽他使喚一樣，有一種突然失控的恐懼感。

所以他必須牢牢地把對方抓在自己的手裡，讓對方完全順從自己，他才不至於有失控感。

因為害怕失控，所以要控制。控制欲強的人恰恰是體驗了太多的「失控」，所以才要控制別人來防止失控。

很多關係模式是原生家庭的重演

我們很多關係模式無非是原生家庭中關係模式的重現。

不少父母其實在潛意識中認為，我生了你，你就是我的，你就必須聽我的，你還必須成為另一個我。

「陪孩子寫作業的血淚史」曾經引起廣大討論。

不止寫作業，孩子所有的行為都讓家長很痛苦，有的家長在痛苦中攻擊孩子。

一位媽媽在給孩子穿鞋時邊打邊罵：「你是豬腦嗎？告訴你多少遍你都記不住哪個是左哪個是右？」

為了「教」孩子，她把孩子的左腳打腫了，指著左腳厲聲對孩子說：「看到了沒？被打腫的這一隻是左腳！左腳！如果你記不住，把你的右腳也打腫！」

為陪孩子寫作業而痛苦的媽媽，認為作業太簡單了，但孩子居然不會；因為孩子左右不分而痛苦的媽媽，認為分清左右太簡單了，而三歲的孩子竟然還不會！

事實上，根據兒童心理發展理論，五至七歲的兒童才有辨別左右的能力，所以三歲的孩子分不清左右很正常，就跟孩子不到一歲不會走路一樣正常。

這種不分邊界的「愛」為人帶來很大的傷害，被控制的一方被強勢的一方牢牢地綁在自己身上，會感到窒息、痛苦、生不如死。

我們每個人天生就是要做自己的，不是成為別人的一部分。

什麼才能成為「我的」？物品可以，金錢可以，關係可以，但唯獨人不可以。

最好的夫妻，是親密有間

最好的夫妻關係，不是親密無間，而是親密有間。我們是兩個圓，但不是同心圓，我們是兩個獨立的圓，有時有交集，更多的是獨立。

劉若英在新書《我敢在你懷裡孤獨》中認為，戀人之間最好的狀態就是「窩在戀人懷裡孤獨」。

劉若英和先生的生活是相互獨立的。他們在家裡各自擁有獨立的空間，各做各的事，互不打擾，自得其樂。

他們經常同時出門，卻到不同的電影院看各自想看的電影。

回到家也是一個往右走一個往左走，共同的空間是廚房和餐廳。他在他的空間做事、講話，她不受影響，而她也擁有屬於自己的空間。

他們的相處模式，充滿距離感，但是心卻是近的，感情日益深厚，心理上也越來越默契。

平時相互獨立，各做各的事，但若在情感上有所求，對方仍是自己第一個要求助的人，而且總能獲得自己想要的回饋。

劉若英回憶，自己在生兒子之前有點憂鬱，不知道能否做一個好媽媽。先生沒有說什麼，只是淡定地請她幫忙做午飯，劉若英轉身進入廚房，開始集中精力做飯，憂鬱的情緒就逐漸消散。

心越近，越不需要控制對方，因為我相信，我需要你的時候，你就在那裡。

男人出軌，才不是因為你不夠優秀

文／鏡鎣

幸知說

在兩性關係裡，我們習慣於按照自己的標準去揣測對方的需求，結果很可能是，我們付出了許多，卻不是對方想要的。

最讓人心痛的是，這些無效付出，白白浪費了許多精力和情感，卻無法對關係產生良性效果。

金庸的小說裡有一個固定的路數：越是名門正派、出身世家的男主角，越喜歡邪魔外道、心狠手辣的妖女。

比如《倚天屠龍記》裡的張無忌，放著青梅竹馬、門當戶對的周芷若不要，非要追著成天到晚和明教作對的小妖女趙敏不放。

《天龍八部》裡的遊坦之，被阿紫毀了容，變殘疾，捐眼睛，被虐得死去活來的，居然還是對這個小妖女不改初心。

或許你會說，這個世界就是這樣，蘿蔔白菜各有所好，純屬個人口味不同。

然而，事實卻完全不是這樣。

聽過一個故事，一個知識分子背叛家裡的「完美太太」，喜歡上一個市場裡的女子。

很多女性會發現，明明自己從內在修養到外在形象，哪裡都好，上得了廳堂，下得了廚房，男人為什麼還是會出軌，找的還是一個看起來各方面都不如自己的女人？

自尊受辱，自信崩塌，人生從此陷入自我懷疑……

讀懂男人，不在感情裡吃虧

渡邊淳一曾寫過一本書，叫《男人這東西》。這本書就把男人在感情裡的各種心理和行為分析得十分透徹。

1. 有的男人，你對他越好，他越冷淡；對他冷，他反而又熱臉來貼冷屁股。

男人天生就是一種征服欲旺盛的動物，喜歡追求各種刺激和挑戰，而且非常享受追求的整個過程。

有效的關係經營，並非是一味地對他好。越是無底線付出，反而會不被珍惜，越被看作理所應當。

只有他們的道德感強到足以戰勝其「動物性」，才可能談珍惜。

2. 在一段關係中，女人完全順從，男人會不耐煩。

有些女人天真地認為，只要對男人百依百順、言聽計從，就能守著這個男人過一輩子，結果卻總是適得其反。

事實上，一旦一段關係變得無趣，對方就會逐漸失去興趣，從而去尋找新的目標。

3. 為什麼有些男人喜歡「帶著一點良家氣質的風塵女子」和「帶著一點風塵味的良家女子」。

很多男人內心深處，總有一種「救世主」的英雄情結和「毀滅者」的霸者氣概，他們在拯救和毀滅之間游離。

妻子不論多麼優秀完美，有些男人還是會出軌。所以，另一半出軌跟自己是否優秀沒有必然關聯，千萬別因此否定自己。

也有人說，男人希望征服世界，以征服更多女人。暫時征服不了世界，只能在女人的身上找成就感。

感情走得遠，要真情，還要手段

年少時，我總以為愛情就像言情小說裡寫的那樣：弱水三千，只取一瓢。執子之手，與子偕老。

現實卻為我上了慘痛的一課，一度讓我覺得，「自古真情留不住，唯有手段得人心」。

初戀的年紀，我對自己喜歡的人說：「我好喜歡你，做我男朋友吧。」這個男生直接從我的生活裡消失了。

後來經介紹認識了第一個男朋友，認認真真交往，卻發現人家腳踏幾條船，玩得不亦樂乎。

後來我逐漸發現，在親密關係裡，既要有情，也要經營。在經營關係上，有些「小伎倆」是可以遵循的：

1.　交往的距離和尺度：不疏遠，不緊貼。

確認一段關係之後，很多女人就會掏心掏肺，恨不得全身心奉獻給對方。

比如，前幾天跟朋友聊到，依萍就從一個獨立堅強的女孩，在遇到何書桓之後，慢慢喪失了自我。書桓跟她分手，她就變得魂不守舍，甚至想跳河。

如果把關係確定的節點，變成依附的起點，結果很可能是，這段關係會陷入一個惡性循環：一個追，一個逃。

在關係中，既不高冷地疏遠，也不無度追隨，記得留出一點自我生長的空間，這是感情健康持久的基礎。

2.　付出的方式和程度：「蜜糖與鞭子」原理。

有些女孩子有了男朋友之後，就知道一味對他好，捧在手裡怕掉了，含在嘴裡怕化了。這種「只有蜜糖沒有鞭子」的付出方式，往往會使對方習以為常，把妳所有的付出當成理所當然。

另一些女孩子則會比較極端，她們條件優越，性格強勢，在一段關係裡總是處處要占上風，時時要分高下。

這就是典型的「只有鞭子沒有蜜糖」的相處模式，久而久之，男人被「鞭子」打怕了，就會去別處找「蜜糖」。

讀懂感情裡的供需理論

如果去認真傾聽那些分手的男女，我們可以發現，有一定比例的人，是因為雙方供需不對等而導致關係破裂。

A 女士是一個賢妻良母，喜歡把家裡打掃得一塵不染、井然有序。她下班後的時間幾乎都獻給了家裡。所以，看到下班後躺在沙發上看電視、打電動、聽音樂的老公，A 女士心中充滿怨氣。

A 女士的老公卻給了我一個非常意外的回應：我根本不介意家裡的地板是否光潔如鏡，也不介意屋子裡是否雜亂無章。我只希望在我忙了一天回家之後，妻子能夠坐在沙發上陪我說說話、看看電視、聽聽音樂……

這就是典型的供需不對等導致關係破裂。

在一段兩性關係裡，我們習慣於按照自己的標準去揣測對方的需求，結果可能是，我們付出了許多，卻不是對方想要的。

用經濟學理論來解釋，這些付出就是無效付出，白白浪費了許多時間精力，卻無法對這段關係產生良性效果。

有一對令人稱羨的小情侶，男孩家裡突發變故，父親失蹤，母親臥病，於是兩人的關係也可能出現裂痕。

男孩在面對女孩時，不知不覺產生了自卑心態，他以為女孩想要的是一個事業有成的男朋友、一個衣食無憂的家，於是產生了賭一把賺大錢的貪念，反而被騙得傾家蕩產。

他離開的那個晚上，對女孩說「找個好人嫁了吧」，女孩哭著對他說，「這個人早就出現了」。

這時候他才曉得，她想要的只是一段純粹的愛情，哪怕跟著他會吃苦受累、擔心受怕，她也無怨無悔。

在一段兩性關係裡，有效溝通是非常重要的，不要總是讓對方去猜你想要什麼，直白地告訴他你的需求，也問清楚他真正的需求是什麼。

這樣，在交往過程中，你們才能避免供需不對等所累積的負面情緒，讓一段關係良性發展。

男人身上四大禁區，女人不能隨便碰

文／郭友強

有人說與伴侶的溝通是一個眼神，雙方心有靈犀，不言自明；有人說與伴侶的溝通是一場賭局，猜來猜去，有輸有贏；有人說與伴侶的溝通是一份經營，找到對的路，然後等待收穫。

與伴侶的溝通到底是什麼呢？我個人覺得，這是一次結果未知的合作，兩個人一起清理雜草叢生的路面，攜手向前。

但是這次合作，卻有很多容易讓我們迷失的禁區。

溝通前已經寫好了劇本

小靜是一個溫柔的女人，在結婚後，她覺得老公聽話是很正常不過的事情，於是就開始要求老公聽自己的話。老公有不同的聲音時，小靜就會大發雷霆。

溝通本是一個開放的過程，兩個人沒辦法把事情處理好，所以商量一個大家都能接受的方法。

但小靜帶著「你必須聽我的」的劇本溝通，就完全把溝通

的開放性關閉了，取而代之的是，她在老公面前不斷地呈現出一個蠻橫強勢的形象。

慢慢地，老公把這個形象和小靜合而為一，而以前溫柔的小靜，在老公眼中早就消失不見了。

這是溝通的第一個禁區，也是我們最容易掉進去的一個陷阱。

溝通時，我們很難發現自己身處這個禁區，甚至還一直覺得自己沒有任何錯誤。

我們常常會帶著一些目的去溝通，溝通的目的一般分兩層：表面的一層是我們都希望透過溝通來解決兩個人之間的問題，增進彼此的關係；此外還有我們不太容易意識到的「真實目的」的一層，就是希望透過這次談話，讓對方聽我的。

在溝通之前，我們內心深處已經打定主意，要說服對方按照自己的劇本走。這個劇本是什麼樣的，也就決定了溝通是一個什麼樣的結果。

如果劇本是「你必須要聽我的」，呈現的溝通往往是一方不斷地舉各種例子、講各種道理來試圖證明自己是對的，而另一方則會由無力地抵抗，到逐漸讓步，直到前者滿意為止。

如果劇本是「你必須要照顧我」，呈現的溝通就是一方不斷地抱怨訴說自己的委屈和不順心，然後等待對方來安慰。即使對方也有很多委屈，在這個劇本裡，你也根本不會顧及對方，只沉浸在自己的委屈中，直到對方來安慰照顧自己為止。

你在生活中經常使用的溝通劇本是什麼樣的呢？

長期維持一個溝通模式，是危險的開始

很多人都希望有一個穩定的婚姻關係，但關係的穩定並不是溝通相處模式的一成不變。

溝通模式的固定僵化，恰恰是溝通的禁區，意味著危險的悄然臨近。

我的朋友琪琪，經常像媽媽一樣照顧男朋友，對男朋友言聽計從，處處盡心盡力，自己卻無欲無求，覺得男朋友開心，自己就開心。周圍的人都覺得，像琪琪這麼好的女孩，男人眼瞎了才會不珍惜。

可是事實上，他的男朋友後來真的「瞎了」，劈腿了一個非常「鬧」的女生，那個女生還經常無理取鬧，要男朋友必須聽她的話，必須討好她。

我們開始都覺得，這個女生完全比不上琪琪，但後來慢慢就明白了。

如果你一直都在做一個完美的好人，那麼對於對方來說，自己就只能做一個不夠好的人，這對於對方的自我價值感來說也是一種傷害。

男人對於自我價值感尤為重視，琪琪做得太好，男朋友反而覺得自己沒有價值，另一個女生各種刁難，反而讓人覺得自己對於對方來說很重要。

在感情的世界裡，好的溝通模式，一旦長時間地固定，也會為關係帶來危害。

如果本來的溝通模式就有問題，一旦固定下來，對關係的影響也會更加嚴重。

你一直是強勢的一方，就說明對方不得不犧牲很多自我的部分，來包容遷就你的強勢。同時，他心中對你的不滿和憤怒，也會慢慢累積。

對方是強勢的一方時，你為了維持關係可以去不斷地包容對方，在這個關係中你一直聽對方的，你是否會感到快樂？如果你想表達自己的聲音，對方又能否聽到？你慢慢累積委屈，對方卻慢慢地越來越蠻橫，這種關係又能維持多久呢？

忠言逆耳，是名正言順的虐待

我的個案小藝，非常精明能幹，自己努力上進，也時時督促老公，她怕老公自滿、不上進，於是就開始「忠言逆耳」，一開口就挑老公的毛病，說老公的不好，讓老公隨時感受到自己的不足。

老公做的工作已經很不錯了，可是她偏偏雞蛋裡挑骨頭，找各種瑕疵，批評老公不細心，總是懈怠，批評完之後，再鼓勵老公，餵雞湯給老公，畫大餅。小藝覺得，自己為老公操了這麼多心，老公該努力上進了吧。

結果卻正好相反，老公乾脆辭了工作，把父母送走，全職在家裡帶孩子。

後來我在諮商中了解到，老公的自信其實已經被消磨得差不多了，他就覺得：既然我什麼都做不好，那就什麼都不做了，妳什麼都厲害，那妳去做。

就這樣，老公慢慢真的變成了小藝口中那個一無是處的男人。

很多夫妻都會有這樣一個盲點：忠言逆耳，夫妻之間，有時候我說話比較直，但我這是為了你好。

因為這個盲點，現實中就有了很多「語不傷人死不休」的溝通。

佛洛伊德（Sigmund Freud）曾提出，逆耳的忠言，本質上是對他人實施情感上的毆打，這比肉體上的虐待更惡劣。

進一步的理解就是：一個人如果總是生活在惡言惡語中，他就會潛移默化地認為自己不是一個好且有價值的人。

堅持讓對方打開心扉，是個不好的訊號

親密就是彼此打開心扉，彼此全然地接納，從精神分析的角度來看，這是一種界限模糊的表現。

生活中具體的表現是：一方面，會過多地在他人面前展露自己的內心世界，過分渴求他人理解自己，並過度依賴他人；另一方面，也會過多地想了解別人內心的世界，以便獲得與他人融為一體的感覺，還想讓別人依賴自己，或者擁有別人的一些決定權。

這種自我界限模糊是一個訊號，說明我們在堅持「不成長」。

當然，不成長還是能獲得很多表面上的好處的。

自我界限模糊的人往往都不太自信，不能肯定別人會對自己好，所以需要控制別人的態度，這樣可以讓自己更有信心一些。

我們覺得和另一個人沒有界限的時候，就會自然地感到來自對方的溫情，即便這些溫情是想像的、不真實的。

這些表面的好處讓我們堅持不成長，沉浸在不真實的溫情和安全感中。一時的快樂往往會為長期的關係健康埋下隱患。等這些不真實破滅時，這對自己、對關係，都是毀滅性的打擊。

如何避免這些禁區呢？

(1) 摒棄劇本，帶著商量的態度去溝通。

(2) 時常換個溝通角色。今天我扮演的是嚴厲的父母，要求你必須聽我的，那麼明天就讓你來做主;今天我做嬰兒，讓你寵溺我，明天我就像對嬰兒一樣去寵溺你。

(3) 把「忠言逆耳」變成「重話輕說」。把語言進行溫和化的加工，說出的話對方自然容易接受，聰明的人都知道，溫和的建議比惡言惡語更容易被人接受。

(4) 選擇成長。只有成長本身會帶來真正的安全感，但走出舒適圈也伴隨著很多不適應，要在心理上做到界限清晰，非一朝一夕之功，需要長期的努力。

夫妻關係實錄：婚姻的真正殺手，從來不是第三者

文／茗荷、潘幸知

好好說話到底有多重要

今天見到一個很久不見的朋友，她開口就向我訴苦。

新婚的妻子經常和自己吵得不可開交，他深感疲憊。

他舉了一個例子，有一次他回家晚了，因為手機沒電就沒有來得及告訴妻子，回家以後，妻子板著臉直接對他說：

「你還知道回家？到哪裡鬼混去了？」

本來他很想跟妻子說抱歉的，但因為妻子並沒有給他什麼好的語氣和臉色，加上自己脾氣也不算好，他就冷冷地回了一句：「妳管我？」

結果引發了一場家庭大戰，一直鬧到了丈母娘那裡。

聽了他的抱怨和很多吵架的情形，我毫不客氣地指出了他們之間一個很重要的特點：幾乎沒人好好說話。

比如，丈夫晚歸，又聯絡不上，妻子其實是擔心焦慮的，如果把指責換成：「你到哪裡去了，我打不通你的電話，

你又一反常態不跟我聯絡，我又害怕又擔心。」

「啊，真不好意思，我手機沒電，今天去的地方又沒有辦法充電，所以我趕緊開車回來了，就是怕妳擔心⋯⋯」

可以想像，這種語言下，可能迎來的就不是爭吵，而是一場擁抱和共享晚餐，更別提鬧到長輩那裡去了。

當然，這對夫妻平時因為圖一時口快，相互之間累積了很多「不好好說話」的情緒，才會一點就燃，小事變大。

老話說：「好言一句三冬暖，惡語傷人六月寒。」

好好說話這件事情在婚姻生活當中究竟有多重要？

會說話的夫妻，往往能輕而易舉地化解很多生活中的矛盾和困難，而習慣了不好好說話、不懂溝通的夫妻，往往能把原本不錯的感情消磨殆盡。

我的一位朋友，最近正想要離婚。

他們夫妻事業有成，育有兩個兒女，而且孩子們也很優秀，是周邊人羨慕的幸福家庭。

但最近太太跟丈夫提出了離婚，而且態度非常堅決，什麼人也勸不了她。

「你們能夠想像，自己每天像女僕一樣接受一個人的各種指責和挑剔嗎？」

「什麼衣服沒洗乾淨，雞蛋煎得老了，房子沒有打掃乾淨⋯⋯我每天都戰戰兢兢的。我只是提出讓他照顧一下孩子，我出去跟閨密玩一下他就發火，各種亂七八糟的話都來了。」

「說我整天無所事事，靠他養活，不顧孩子，不顧家庭。我受夠了，我要離婚，並且孩子一個不要！」

每每聽到這種因為溝通引起的夫妻情感障礙，我就感到非常可惜和痛心，如果我們每個人都學習好好說話，也許很多感情都可以不以分開收場。

感情裡好好說話為什麼那麼難？

值得我們思考的一個問題是，不少成年人可以在外面彬彬有禮，寬和待人，為什麼回到家卻經常對家人惡言相向，甚至大吼大叫，歇斯底里，暴露出最讓人難以接受的一面？

仔細想想，也許在於以下兩個方面：

1. 我們太把對方當「自己人」

人在成長中，經歷了社會化的過程，後天習得很多的制約和規矩，不自覺地在不同的場合中遵守一定的規矩和底線。

比如在工作場合要扮演說一不二、很有威信的老闆或者嚴謹負責的員工，在公共場合要扮演溫文爾雅、講禮貌懂規矩的人士。

但是關上門，這一切「裝扮」彷彿都不再需要了。

穿著筆挺西裝的人此刻把襪子滿屋亂丟，打扮得精緻優雅的人最喜歡穿著睡衣還蓬頭垢面。為什麼？

因為這是家，這是讓人卸下面具、放鬆自我的地方。在這種氛圍和自我允許之下，我們經常會脫口而出很多蠢話、傷人的話，因為在潛意識裡，我們認為對方是家人，是「不會離開的人」。

有個丈夫經常跟我抱怨，自從有了孩子，他的妻子從一個溫柔、善解人意的人變成了一個隨時可以大嗓門指責他和孩子的女人。他覺得前後就像是遇到了兩個人一樣，不可思議。

「快去把這個奶瓶洗一下！」

「你怎麼搞的，寶寶的尿布都溼成這個樣，你都不換一下？」

他也是育兒新手，常常被妻子指責得手足無措，不知道怎麼回應才好。

他從小的家庭氛圍當中，爸爸媽媽之間相互尊敬，說話比較講究，所以碰到妻子這種毫不講究的溝通方式，他完全不能適應，一度還動了離婚的念頭。

當我們習慣於把對方的行為和付出都當作理所當然，把婚姻內的不良溝通當成習慣的時候，我們無論從意識還是語言上都會缺乏動力去修正自己，而這種狀態，其實就讓婚姻進入了一個非常危險的境地。

2. 我們想要說服別人

情侶之間，口舌之爭較多的一個重要的原因還在於，雙方往往試圖證明自己是對的，而對方是錯誤的。

妻子聞到丈夫新車裡面味道很重，說：「你把腳墊拿出去洗洗晒一下，味道太重不健康！」

先生說：「這有什麼，反正我開得少。」

「開得少又怎樣？還不是需要清理一下。」

「別人都這麼開，有什麼關係？」

妻子突然火了：「別人，就知道別人，別人我會去管嗎？你就不會說好嗎？」

丈夫看妻子生氣了，趕忙說「好好好……」

冷靜下來之後，妻子突然意識到，自己想要對方聽她的，所以這裡面除了關心對方的健康之外，還有一種試圖「控制」的意味在裡面，所以對方的語言中，就出現了一些對抗的力量。想到這裡的時候，她突然就釋然了。

我一向比較喜歡的一個方法，就是「放棄爭論」，也就是說，一旦你察覺到自己在爭論時，基本就可以閉嘴了。

每個人對每一件事情都有不同的意見，這是理所當然的。

因為每個人的觀點、每個人的意見都不一樣，這是一個事實，所以，你不可以要求別人的想法和觀點跟你一樣，如果你這麼要求，你就沒有承認每一個人的觀點都是不一樣的這個事實。

如果你不承認這個事實會怎麼樣呢？

「辯論」是從一個人的心理面損耗其生命能量最嚴重的方法之一。

情侶之間就更是如此了。在一件事情上，誰對誰錯並不重要，重要的是——當我們放棄對錯、放棄辯論的時候，寬容和愛才能在雙方之間流動，而自己也容易得到滋養。

愛要好好愛，話要好好說

前幾日跟一對夫妻吃飯，先生遞調味料給妻子，妻子都會說「謝謝」，整個吃飯期間，丈夫一直幫太太夾菜：「來，吃看看這個，真的不錯。」

妻子津津有味地品嘗先生夾過來的菜：「呀，真好吃啊，你好有眼光。」

夫妻倆自然地拉著對方的手，笑盈盈地跟我們說話。

那種自然的愛的流動，讓身邊人都感覺到了。在座的大多是多年的夫妻，大多「相看兩厭」，於是紛紛開始向他們請教夫妻相處祕訣。

太太一臉幸福地說：「哪裡有什麼祕訣，都是他做得特別好。」

丈夫更不得了，直接說：「她是我們家的大功臣，生了一對兒女，又養得很好，我在生活上多照顧她是應該的。」

雖然他們夫妻很謙虛，但我還是從他們的人生故事和各種細節當中嗅到了他們恩愛的祕訣。

其中最重要的一點就是，他們幾乎是習慣性地讚美對方，並且，非常關注對方當下的感受。簡單來說，他們既在好好愛，也在好好說話。

這恰恰是很多夫妻之間缺乏的。夫妻之間熟悉之後，在溝通上非常容易犯的錯誤就是前文提到的，認為一切都是理所當然的，並且非要爭論對錯。久而久之，原本不錯的感情也消磨殆盡。

我們可以嘗試以下三點：

1. 不妨把他當外人

不管你身邊這個人跟你走過了多少個年頭，也不管他對你有多體貼寬容，和你生育過多少個兒女，你始終要在內心提醒自己，需要好好經營你們之間的情感關係。

首先要像對待外人一樣，耐心地聽對方說話，好好溝通。這是看見並尊重對方的一個基礎，也是一個永不過時的法寶。

2. 分清事實和感受

在馬歇爾·盧森堡博士的《非暴力溝通》一書中，曾經提出過四個原則：

觀察：我們彼此觀察到什麼？

感受：我的感受如何，如何體會和表達感受？

需求：說出哪些需求導致那樣的感受？

請求：為了改變局面，我的請求是什麼？

現實生活中，很多人把事實和自己的主觀感受混在一起，卻不能明確表達自己的需求，造成溝通成本不斷上升，並且效果很差。我們要區分事實和感受，明確表達自己的需求。

這四個原則運用到生活當中，是非常行之有效的方法。夫妻之間也可以很好地借鑑並予以運用。

3. 不辯論，約定休戰訊號

情侶之間，沒有那麼多對錯需要區分，當你喋喋不休地想要爭個輸贏的時候，不妨去覺察自己，及時意識到自己的錯誤，並且迅速停止爭論。

最近我自己的身體狀態不算太好，因此對孩子少了很多耐心，很多時候都想揍他。

為了改變這個情況，我跟孩子約定，當我說「停」的時候，就是我快要發火的時候，請他立即停止當時的行為，我發現自從約定之後，我們的衝突少了很多。

這招也可以借鑑到夫妻衝突中，你們可以共同約定一些代號，來停止辯論，完成休戰，以避免一些衝突。

親密關係的真相：世間完美的感情，從來不是命中注定

文／何麥子

或許，每一個女孩都曾經渴望過一個「命中注定」的戀人，幻想著與他不期而遇、一見鍾情，然後墜入愛河。

你們互相理解，有著共同的愛好和夢想，你欣賞他所有的優點，他懂得你全部的心思。這簡直就是上天安排的完美愛情。

夏琳遇到麥克斯的時候，他們都以為這段感情是上天注定的，在心裡想著：對方為什麼不早點出現呢？

麥克斯是大提琴演奏家，夏琳是觀眾，他們在後臺相遇。

麥克斯覺得夏琳美麗而迷人，夏琳喜歡麥克斯身上濃郁的浪漫氣息。他們同樣喜歡美食和旅行，都熱衷於分析身邊的人。

他們都非常喜歡和在乎對方。

相處了一段時間之後，夏琳發現麥克斯非常情緒化，不開心的時候他就喜歡一個人待著，沉默而憂鬱。

實際上，麥克斯一向如此，只是一開始沒表現出來而已。

夏琳嘗試著在麥克斯心情不好的時候，詢問他原因，或者試著用輕鬆的方式和他交談；而麥克斯卻總是因此被激怒，大喊著：「讓我一個人獨處一下。」

夏琳覺得很失望，她那麼努力想要幫助麥克斯開心起來，卻被他關在心房之外。麥克斯也很失望，他對夏琳說：「我還以為妳理解我。」

朋友們看見他們非常在乎彼此，勸他們一起努力解決這個問題。

但兩個人都非常堅持：如果這段感情是命中注定、上天安排好的，那麼他們就應該能夠理解和尊重對方，根本不需要努力經營。

最終，他們慢慢疏遠，然後分手了。

這是卡蘿．杜維克（Carol S. Dweck）在《心態致勝：全新成功心理學》（*Mindset: The New Psychology of Success*）一書中講的故事。她在書中將人的思維模式劃分為定型心態和成功心態，這兩種思維模式使人們在生活的各個領域都有不同的表現，在情感中也是如此。

擁有定型心態的人會認為，自己和伴侶的特質都是固定的，戀愛關係的特質也是固定的。如果兩個人適合在一起，一切問題都會自然而然地解決。

而具備成功心態的人相信一切都是可以培養的，個人、伴侶以及戀愛關係都處在不斷的成長變化之中。即便是一見鍾情、相見恨晚，雙方仍需要不斷為關係付出努力，互相磨合。

擁有定型心態的人往往不願意為戀愛關係努力，他們覺得戀人之間應該心有靈犀。不需要言語，彼此就可以了解對方的想法、感受和需求。

但事實上，這只能是一個美好的願望。

卡蘿回憶起自己剛和丈夫相識幾個月時發生的故事，她非常慶幸自己當時多問了一句。

那天晚上，卡蘿和當時還是男友的丈夫坐在一起，對方對她說：「我需要一點空間。」

卡蘿當時雖然深受打擊，還是鼓足勇氣問對方這句話究竟是什麼意思。男友卻回答：「我需要妳往那邊坐一點，這樣我才能多些地方。」

很多時候，如果我們不去表達，對方可能根本不知道我們想要什麼。

我身邊有些女性朋友，常常抱怨老公送的生日禮物不合心意，覺得不用浪費，用了又不喜歡。

關鍵是因為害怕打擊對方送禮物的積極性，她們每次還要佯裝一副非常喜歡的樣子。

我通常會對她們說：「妳可以直接告訴老公自己喜歡什麼，想要什麼禮物呀。」

「啊，那多無聊，自己要來的禮物最遜了。」

讀著純愛言情小說長大的女孩子往往都「中毒」很深，對一見鍾情、心有靈犀的愛情有著不切實際的期待。

她們渴望有個男人了解她們的一切，每一句情話都能說到自己的心坎裡，每一個禮物都恰到好處，覺得那才是完美的愛情。

而這一切都是命中注定的，只要你能遇到那個對的人，就會永遠幸福快樂地生活下去。

具備成功心態的人知道不斷地去溝通，努力去了解對方的想法和期望，然後討論出彼此都能夠接受的方案。

他們懂得求同存異，在尊重對方的基礎上，彼此磨合出最適合雙方的相處方式。他們永遠在幸福快樂地為幸福的關係而努力。

正如婚姻專家亞倫．貝克（Aaron Beck）所說：「對兩性關係最具毀滅性的想法之一就是——如果我們需要努力，這代表我們的關係裡存在非常嚴重的問題。」

實際上，我們唯有不斷努力，才有機會擁有更好的兩性關係。

也許，經過和戀人一段時間的了解和磨合，你最終會發現對方身上有著你無法接受的缺點。

這時候，擁有定型心態的人可能會想：「我的另一半是不可能改變的，我做什麼都無法修復我們的感情。」

而有著成功心態的人則會嘗試自己去努力做些什麼，看能否彌補對方的缺點或幫助對方成長。

結婚後，喬喬發現老公的脾氣越來越大，經常為了一點小事就大吼大叫。

一開始喬喬不太能夠理解：「就一點小事，有必要嗎？」

後來喬喬發現，公公婆婆日常相處的模式就是這樣：公公脾氣不好，經常因為一點小事大發脾氣；而婆婆則是不斷抱怨、指責公公的壞脾氣。家庭大戰常常一觸即發。

喬喬開始理解老公，雖然他的脾氣不好，但平常一直對自己體貼照顧、愛護有加。

喬喬試著在老公發脾氣時，去體諒他，對老公說：「我知道你心裡不好受。」或者她只是安靜地陪在老公身邊，但不再指責他。

慢慢地，喬喬發現，老公發完脾氣的第二天會對她更好，來表達自己的歉意。

後來，喬喬又試著在老公發脾氣的時候幫助他冷靜下來，再慢慢和他進行比較深入的溝通。慢慢地，老公發脾氣的次數越來越少了。

當然，不一定所有的伴侶都會因為你的努力而改變。

但相信對方有改變的潛力，主動行使關係中屬於自己的一半主動權，勇於冒著被拒絕的風險去成長，你便不會僅僅停留在抱怨和忍耐當中。

即便最終關係失敗，你也沒有遺憾。

好的兩性關係，能讓雙方共同成長，都變得更好。這裡所說的成長並不是以個人的標準去改造對方以符合自己的期待，而是靠彼此的愛去激發對方的潛力，鼓勵對方成為他自己最想成為的那個人。

如果我們迷信於「上天安排的完美愛情」，期望心有靈犀、一勞永逸的完美關係，而不肯付出努力，那麼我們將永遠也體會不到這種美妙的成長。

人到中年，婚姻死於分床睡？

文／Ally

你能接受和另一半分房睡嗎？

我問了身邊很多人，大多數都說：堅決不能！

如果一對夫妻結婚四年了，每天都是分房睡，你會怎麼想？

為什麼有些人打死也不願分房睡？

近幾年來，人們把夫妻感情看得越來越重要，一些大大小小的事都會讓女人們如臨大敵，引發極度恐懼。

跟公婆同住影響夫妻感情。

兩人不分擔家事影響夫妻感情。

男人工作的地方女性多，可能影響夫妻感情。

妻子跟孩子過於親密影響夫妻感情。

妻子不注意形象影響夫妻感情。

兩人長期異地影響夫妻感情。

性生活的頻率和品質影響夫妻感情。

兩人的溝通模式影響夫妻感情。

還有，分房睡，影響夫妻感情。

分房睡，為什麼會影響夫妻感情呢？

1. 無法及時滿足身體接觸的需求

同床相擁（身體接觸）是情感溝通的一種方式。

研究顯示，被家人擁抱、親吻的嬰兒，比那些長期沒人理會、沒能接受身體撫觸的嬰兒的安全感更高，在情緒、心理發展上更健康。

美國著名婚姻指導專家蓋瑞·巧門（Gary Chapman）博士有一本暢銷書，被稱為「婚姻聖經」，叫《愛之語：永遠相愛的祕訣》（*The 5 Love Languages: The Secret to Love that Lasts*），其中，第五種愛的語言是「身體的接觸」。

我們對另一半不只有生育、經濟等需求，更多的是情感需求，我們渴望形成足夠穩定的依戀關係，成為彼此的一個「安全港」。就好像有些嬰兒需要父母擁抱入睡一樣，撫觸等帶著感情的表達讓我們體驗到了更多的愛和安全感。

2. 缺乏夫妻生活的儀式感

「夫妻要睡在一張床上」是我們根深蒂固的觀念。更多女性擔心的是——如果不在一張床上睡，似乎缺乏了生活的儀式感。甚至有人會說，分床睡，根本不像夫妻！

3. 給老公太多空間，擔心他背著自己做「壞事」

之前，一個個案在老公手機的「應用商店」裡搜尋某社交軟體，結果發現對方曾經下載過（有下載紀錄）此軟體，又解除安裝了，於是頓時開始了查勤。

晚上，老公只要玩手機，她就會坐到他身邊。老公拿著手機去廁所時間長一點，她就很緊張，擔心對方是不是在社交軟體上與陌生女人聊天。

同樣，我一個朋友也是在發現老公有跟別人曖昧的經歷後，恨不得沒收老公的手機，更不可能允許對方晚上自己在另一個房間睡覺了。

同床睡，也是「監督」對方的一種方式。

我問他們，假如分床睡的時候，你老公的房間裡沒有任何電子設備（更沒有手機），過去就是為了睡覺，可以分床睡嗎？

除了一個不敢自己睡的朋友，其他人的答案都是可以。

女人對分床睡的恐懼、對任何跟夫妻事件相關的恐懼，其實都來自她們對另一半以及婚姻關係的不信任。

因為，她們在這段關係中，安全感太低了。

怎樣才是親密關係最好的距離？

女人總希望能跟另一半關係更親密一些。只是，每天在一張床上睡覺，彼此緊密聯繫，會讓我們更恩愛嗎？夫妻關係，真的會因為分床睡變差嗎？

很多夫妻新婚後，恨不得二十四小時跟對方黏在一起。一段時間後，激情消退，他們的感情也越來越趨於平淡，爭吵、分歧、衝突越來越多。

這難道是因為他們之間的親密關係不夠緊密？當然不是！

泰國電影《永恆》中，女主角出軌丈夫的姪子，丈夫發現後，將兩個人鎖在了一起。

一開始，兩個人興奮不已，渴望長相廝守，但後來他們逐漸開始討厭每天的緊緊捆綁，這中間並沒有花太久的時間。

因為，再好的關係，也需要距離。

什麼樣的相處方式，才能創造親密關係最好的距離？這就要說起依戀模式了。

依戀模式有四種：安全型、焦慮型、迴避型、恐懼型。

焦慮型的人渴望親密，總希望緊緊抓住對方，恨不得每時每刻都跟對方黏在一起；迴避型則渴望距離，他們害怕太過親密的關係，他們總希望能夠與對方保持一定的距離，保持自己的獨立性。

當焦慮型的人遇到迴避型的人，注定成為一對彼此不滿的怨偶。

正因為如此，很多夫妻才活成了「男人想逃，女人在追」的模式。

焦慮型的人真的不需要距離嗎？迴避型的人真的不需要親密嗎？都需要。

如果焦慮型的人遇到另一個比他們更焦慮的人，一個把他們抓得緊緊的、讓他們窒息的人，他們也會開啟逃跑的迴避模式。同樣，如果迴避型的人也遇到一個更迴避的人，他們也會想要主動靠近對方，去抓住對方。

所以，如果焦慮型的女人能多一些自我照顧的能力，多給丈夫一些空間，那麼，男人就會停下逃跑的腳步，慢慢停下來，甚至會走向妳。

夫妻感情好不好，到底是什麼決定的？

簡單來說，如果你們在一起的時光，兩個人都是快樂多於痛苦，舒服多於壓抑，那你們的感情一定差不到哪裡去。

如果你們之間爭吵多於接納，指責多於讚美，把你們每天晚上都綁在一起，只會讓你們更厭惡和仇恨彼此。

如果在一起睡覺，影響了彼此的睡眠品質，影響了個人的獨立空間，就是增加了關係的不快樂，反而會造成關係的不滿意度的增加。

夫妻之間最重要的不是分房或者不分房，而是步調一致，對關係的要求一致。

我希望分房，每天晚上都能有自己的獨立空間，而恰好你也是。

你希望每天晚上與我相擁入眠，而恰好，我也是。

這才是夫妻之間最好的狀態。

如何面對男人「作壁上觀」的婚姻？

文／快樂的蟲子

《坡道上的家》這部日劇，能看得人好幾天都心情不好，不為別的，就因為這部日劇實在是有太多地方，像極了我們常聽聞的家庭。

那些隱匿在黑暗中的女人們

《坡道上的家》講述一個女人結婚之後，親手殺死了自己八個月大的孩子的故事。

這個女人叫水穗，和丈夫獨立居住在大城市裡生活，沒有和婆婆一起住，小夫妻兩個人住在一起。

水穗被審判的時候，一名家庭婦女里沙子作為陪審員上場，就像很多家庭主婦一樣，她也有著一段驚心動魄而且痛不欲生的歷程。

里沙子有一個三歲的小女兒文香，然而這個女兒並不是很可愛。她哭鬧，亂丟食物，做盡了一切所有母親討厭的事情。

有一次，里沙子從法院出來，辛辛苦苦了一天，然後去婆婆家接文香。她回到家還要做飯，拎著一大包東西，還牽著文香。

路是上坡的路，她走起來就像心臟病人一樣，呼呼地喘氣。

這個時候，女兒忽然說：「媽媽，抱抱。」

里沙子拒絕。

文香乾脆坐在地上哭，想以此來控制媽媽。

媽媽一臉無可奈何，於是躲到十幾公尺外的街角，期待著文香能乖乖投降，然後撲過來並可愛地喊一句：「媽媽，我們回家吧。」

可是，現實中，丈夫陽一郎回來了，撞見文香一個人坐在地上哭。

這嚇得里沙子趕忙去解釋：「不是這樣的，不是你看到的這樣。」言語間近乎哀求。

一個女人在婚姻中的地位，一個妻子在丈夫面前的信任，哪裡還剩一點呢？

不平等的東亞女人

都說人人生而平等，但是平等不是相等。單單就生孩子、養孩子這件事而言，在東亞地區，又有多少男人可以理解女人？

她在懷孕時浮腫，胖到將近 70 公斤，腳趾頭都是腫的；她生產前兩個月還在擠電車，和電車上的人說一聲「抱歉，能給我讓個位子嗎」都要猶豫半天，怕遭人嫌棄。

還沒結束，一朝分娩之後，月子期間，她們夜裡還要守著孩子餵奶。小傢伙醒幾次，自己就得醒幾次，生產完的那一年多，何時睡過一個完整覺？

懷著孩子的時候，恨不得把一切有營養的東西都吃下。胎兒健壯了，自己卻留下了妊娠紋，一道一道的，就像魚鱗紋，有密集恐懼症的自己看了都煩，中醫西醫都看了也不見好轉。

男人的啤酒肚是喝酒喝出來的，加班坐出來的；女人的妊娠紋卻是「誕生」這項偉大的活動的後遺症。

和婆婆住在一起，生活習慣各種不同；不住在一起，就只能自己手忙腳亂地養孩子。

就像《坡道中的家》這部戲中的臺詞：新手媽媽和嬰兒，可以說是這個世界上最糟糕的組合了。

可是，在生孩子之前，又有誰告訴過自己，生孩子是這麼痛苦？養孩子是這麼複雜的一項活動？

可笑的是，水穗的婆婆在庭審中還大放厥詞：「以前的女人，養育孩子，都是這麼過來的。別人都行，妳為什麼不行？」

「別人都有母乳，母乳有益健康，為什麼就妳沒有？」

「別人都能順順利利地養孩子，為什麼就妳不行？」

別提男人對自己的理解了，就看同為女人的前輩，也不一定能理解自己的苦楚和不易。

什麼叫產後憂鬱？女人若生一個孩子，然後遇到一個兩手一攤不負責任的男人，就可以明白了。

當妻子被壓迫到走投無路，殺嬰悲劇一定還會重演

《坡道上的家》中的水穗，之所以在恍惚狀態下溺死嬰兒，是畏於丈夫的苛責。

日劇用了象徵的手法來表現這個已婚女人的無助：一個人赤腳抱著嬰兒在黑暗的潭水中走著，三分鐘熱風吹來，自己都能被淹沒。孩子不停地哭，可是周圍沒有丈夫來幫忙，也沒有媽媽、沒有婆婆。

只有自己一個人。

身為一個女人，孤獨到這份上，溺死自己的女兒這樣天理不容的行為是怎麼產生的，我們都能明白一二了。

當一個女人在家庭這個社會單元中，沒有什麼地位，甚至不如一個嬰兒，就像里沙子，因為文香的無理取鬧被丈夫苛責。那麼，在女人被壓迫到走投無路的時候，像水穗殺嬰這樣的悲劇，又怎麼能不重演呢？

一個朋友清楚地跟我講過，她在婆家這個大家庭中的排序。

她認為，在公公婆婆、小姑的眼中，自己的地位永遠比

不上自己那一雙一個六歲、一個三歲的小兒女。

畢竟，兒女和他們是血親，自己和他們只是姻親，終究比不上。

這個時候，如果她的丈夫還是像里沙子的丈夫一樣，堅定地讓自己的女人見識到，什麼叫「喪偶式育兒」，什麼叫「丈夫缺席」，那麼，這個妻子，也做得太沒意思了。

不得不說，這部劇，真的是把女人能遭遇到的各式各樣的窘境展露無遺。

有了孩子以後，里沙子在家老老實實地當家庭主婦，每天做飯洗衣帶孩子。丈夫下班之後，像伺候「大爺」一樣伺候著，稍有差錯，就被斥責「做妳做不到的事情，後果很嚴重」，試圖讓里沙子放棄陪審員這個唯一和外界接觸的機會。

里沙子本來和丈夫婚前約定好了，有了孩子之後要一起承擔家事，一起看孩子，結果丈夫半路反悔，甚至推諉：「我不會帶孩子。我父母那一代，都是女人在家做家事、帶孩子，為什麼妳要工作這麼拚？」

即便是沒孩子的女主編，到了生育的年齡，也要被父母催著生孩子，夜夜苦於和丈夫的造人計畫，在職場上被下屬無意取笑。

甚至是嫁給其中一個陪審員的白富美，從小家境優渥，衣食無憂，也依然沒能擺脫獨立育兒的命運。

一代又一代的原生家庭，塑造了「男主外，女主內」的風氣

女人，在這部戲中，活得太沒有尊嚴。里沙子不被家庭成員尊重，常常被差遣去倒啤酒……女人，也活得太心酸，丈夫總是臨時帶同事回家，讓里沙子一個人一邊帶孩子一邊做飯，手忙腳亂；文香說鬧就鬧，把自己剛剛做好的飯菜一下一下地丟掉……

在家庭，這個本該是世界上最溫暖的地方，她們卻要獨自負重前行，忍受著繁衍的重任、枯燥和崩潰，對於丈夫的失職卻顯得那麼無能為力。

整個社會的風氣就是這樣，沒有父輩指導這一輩的小夫妻。

在里沙子的印象中，爸爸是缺席的，從來都是媽媽對自己進行教導，哪怕是苛責到不恰當的養育方式。在女法官丈夫的眼中，從一出生他的記憶裡就是媽媽在當家庭主婦，他沒有見過男人養育孩子和做家事是什麼樣子。

一代又一代的原生家庭，塑造了這個社會「男主外，女主內」的基本風氣。

如果男女雙方彼此樂意，那麼這麼分工自然沒有什麼問題。怕就怕在就像里沙子那樣，自己想要藉陪審員的機會重新回歸社會，卻一再被丈夫貶低。他試圖讓妻子這個本來就有點自卑的人更加自卑，折斷她在社會上飛翔的翅膀。

怕就怕在女人為了愛情、婚姻、孩子，甘願在家洗手做羹湯，拿起奶瓶餵孩子。

女人結婚以後懷孕、生產、養小孩，無法正常工作，沒有收入是正常事，結果卻成了「結婚以來男方養家，女方無收入！」

當初的一句「我養妳」，等兩人爭吵時便成了「妳是我養的」。

如果整個社會都對女人對於家庭的付出無動於衷，那麼，不是嬰兒有一天會被溺死，就是女人有一天將要在壓迫中崩潰瘋狂。

這個情況該如何改變？

我的媽媽有三個孩子，從小爸爸不管家事，在看孩子上，也都是留下媽媽在家裡辛苦忙碌。那種媽媽幫小孩子們換洗衣物、做全家人的飯的場景，我至今仍然歷歷在目，對母親心疼不已。

這個情況該如何改變？

一項研究顯示：「隨著高等教育的普及，受教育程度越高的男人，在家務和育兒分工上，更不介意和妻子一起分擔。」

這種從遠古時期就開始產生的，男人在外狩獵、採集，女人在內照顧幼子、打理家務的傳統，演變到現代，堅固得彷彿無堅不摧。

可是，當我們真正有能力、有足夠的錢時，我們便可以解放自己，讓每一個妻子無論是富家女、普通白領還是農家婦人，都可以不再下班之後限於灶邊爐臺，不再被迫清洗沉重的衣物，可以交由商業手段、機器來解決。

當我們在婚姻中的精神文明足夠普及，每一個丈夫都能意識到自己的妻子承擔著育兒的重擔，是因為「我願意」，願意在長久的婚姻歷程中，抽出短暫的一段時間來照顧牙牙學語的新生命；而不是「女人就該一個人帶孩子」，不是男人只需要當一晚上的爸爸，而女人就需要當一輩子的媽媽。

這一天的到來，需要我們每一個人的努力。

為了三十萬聘金男朋友要分手！我錯了嗎？

文／杜瀟婷

問：

我家是單親家庭，家裡經濟狀況不算很好。

男朋友家裡經濟還可以，他父母比較開明，講話很和善，也很照顧我。

但是後來準備結婚時，我媽跟男朋友談到聘金，很委婉地說大概要三十六萬討個吉利。的確不算小數目，但以男朋友家的經濟狀況是完全可以負擔的。

但我男朋友當時就有點不高興了，晚上直接跟我談分手。

他說，以前我就嫌棄鄉下人，但沒嫌棄妳。結果現在，妳媽看我條件稍微好一點，就想多撈點。現在我不給聘金，婚也不結了，我們直接分手吧。我們要是不在同個縣市，不在同間學校，也會各自遇到喜歡的人。

我跟他解釋我媽不是貪小便宜的人，只是思想比較古板，怕我吃虧而已。他說誰都說自己媽好，還說我本來就是鄉下人，標籤就在那，解釋也沒用。

男朋友固執得可怕，勸不回怎麼辦？

答：

從妳的描述來看，對這段關係的挽回並不樂觀。有幾點分析給妳做參考。

男友要分手，並不單純是因為聘金，而是對「鄉下人」有不良的印象。

從妳提供的資訊中，我暫時無法確認他基於什麼原因而嫌棄，嫌棄的是什麼，我猜測應該是類似於「把嫁女兒當賺錢的機會」的想法，聘金像是印證了對方的觀點。

所以，妳要意識到，兩人分歧的性質是有關身分、價值觀的深入問題，而不是聘金要多了這件單一的事。

要想處理價值觀不合的問題，需要讓自己從結婚的衝動中停下來，重新評估兩人的感情基礎、個性差異、和原生家庭的關係、對未來婚姻生活的期待和規劃、處理衝突的方式等幾個最重要的方面。

冷靜評估這段關係的難度，真實地問自己是否想進入這樣的關係，以及雙方是否對差異有基本的協商意願和方案。

目前看起來，妳的狀態更像是，都快走到結婚了，別卡在臨門一腳上，所以有意無意想要忽略對方明確傳遞的「沒有協商意願」這個關鍵。

假裝沒看見，不面對問題，是無法找到解決方案的。

我們來做一個簡單的評估。

1. 出身歸屬

從男友的態度來看，男友對鄉下持負面評價；妳對城市沒有明顯的不良看法。

2. 家庭結構問題

妳提到自己是單親；男方的家庭氛圍目前看起來不錯。

3. 和原生家庭的關係

男方和父母在婚姻這件事上是協商關係，男方有自己的明確想法（不給聘金，不辦喜宴），男方父母出意見，男方會在一定程度上採納。

妳和母親在這件事上是「代言關係」，妳沒有提及自己的明確想法， 妳的媽媽是實際的女方決策人，妳採取了由媽媽做主，自己盡量讓男友做配合性角色。

這讓男友對於結婚這件事的發言權比妳高出很多。

4. 可選擇空間

男友「我們要是不在同一個縣市，不在同一間學校，也會遇到喜歡的人」，是在表示：沒有妳，我也會遇到喜歡的人。妳的回應是向他解釋，態度是：我還是想和你結婚。

5. 感情基礎

面對聘金的分歧，妳的態度是基本向著媽媽，要男友妥協，而男方對妳則有明顯的反抗情緒。

這代表，妳和男友兩個人沒有形成一個利益情感共同體，仍然和各自的原生家庭很緊密 —— 妳更體諒妳的母親，他也心疼自己的父母，不想一下拿出這麼多錢。

所以，從現實情況和主觀心態結合來看，你們兩個人對這段關係的投入程度有差異，有種男方姿態較高，而妳在「高攀」的感覺。這種局面，不容易達成互相尊重的關係基礎。

後續建議

如果妳仍然很想繼續這段關係，可以向他詢問他對「鄉下人」是什麼樣的印象，當時發生了什麼，讓男友形成了這些印象。

在這個過程中，無論對方是否說得在理，自己的感情是否受到傷害，都先不要反駁或解釋。等自己一個人靜下來，回想男方提到的事實因素，自己家裡是否確實有這樣的情況；情緒因素，自己是否能招架。

如果男方的幾個點正好和妳家裡的情況相符，這段感情就像妳正好處在他的地雷區，他是很難接納妳的家庭的，婚姻失敗幾乎是必然，因此妳就要慢慢學習放手。

如果只有幾個點符合，或者完全不一樣，可以向男方說明不是所有的鄉下人都是他認為的樣子，妳的家庭在這些點上，通常都是怎麼做的，讓對方對妳的成長環境更加了解，然後願意再試試看。

無論結果如何，都要開始擴大妳自己的選擇空間，我指的是——除了這個人，妳也有許多其他人可以認識；除了馬上進入婚姻，發展事業也是很重要的一部分。

說清楚自己是怎樣的，然後就去過妳自己的日子，讓對方來主動提方案。妳的心理空間越大，越容易在關係中被尊重、有更高的價值感，未來更容易幸福。

想想當年給的那些聘金，你心裡是什麼滋味？

文／花朵朵

前天夜裡，大雨如注，我在房間裡看著電視，男朋友忽然問我：「我如果娶妳，要給妳們家多少錢？」

「不要錢。」我一臉雲淡風輕。

「妳爸爸會打死妳的。」男朋友幾乎是條件反射地脫口而出。

就連男朋友，他也不相信，爸爸會同意我分文不要地嫁給他。於是我開始思考聘金的意義。

今天和內容部的同事探討到聘金這個話題的時候，大家一致認為「人們對聘金的看法是不一致的」。在此，我就挑選出了五種有代表性的關於聘金的觀點，和大家一起分享。

沿途與他車廂中私奔般戀愛，再擠迫都不放開

學姐是七年級後段班，和同縣市出身的學長戀愛了八年。學姐因為他，還把工作換到了他家附近。

多年的跌跌撞撞最終都融於溫柔繾綣之間。有一天，學姐開心地告訴我，她終於結婚了，房屋權狀上寫的是學姐一個人的名字。

她和我說的那一刻，我才知道，他們為什麼交往了那麼久還沒有結婚，可能是因為學長自卑沒有房產。

學姐為了和他在一起，把能放棄的都放棄了。即使有一天他們分手，我想學姐也不會要什麼，只會把和她有關係的東西都拿走吧。

現如今竟有女子能有卓文君的勇氣，雖然沒有去和司馬相如當壚賣酒，但是也自有一番天不怕地不怕為真愛一往無前的豪氣。

一間寫著自己名字的首都圈房產，這樣的一份聘金，這樣一種用金錢贈予女方的安全感，也比不上這個女子勇敢去愛的勇氣。

那麼用楊千嬅〈少女的祈禱〉中「沿途與他車廂中私奔般戀愛，再擠迫都不放開」這句歌詞來形容學姐眼裡聘金的意義，再恰當不過了——想必聘金不入她的眼，因為她和學長情比金堅，已經不需要聘金來佐證了，即使師兄依然送了她一間房。

聘金我可以不要，但他不能不給

恬恬，1987 年生，都市人。

恬恬是個很特別的人，清爽的短髮，白白的皮膚。她的辦公桌乾淨、整潔又漂亮。和我桌子上只擺著筆記本和茶杯相比，恬恬的桌子上有優酪乳、多肉植物、護腕……

之前所有一切關於熱愛生活、簡單而又精緻的想像，就是她了。

嗯，就是這樣一個女孩，她單身。原因我們曾多次交談過，在於恬恬更在意靈魂的契合度。

「從某種程度上，聘金反映了你即將走進的家庭對你的重視程度。」恬恬一字一句地把話發送過來。

「聘金我可以不要，但他不能不給。婚姻在我看來，是生死之交。一個和你生死相依的人，還在乎他的錢遠勝過你，那我不會和這樣的人結婚。」

「既然都已經到了送聘金的地步了，那麼男女雙方之前已經視彼此為生死之交了吧？」我問。

「我的錢永遠是我的，他不一定永遠是我的。現在好多家長的想法就是，孩子永遠是我的，媳婦或者女婿不一定永遠是。現在有多少老人為兒女買房寫兩個人的名字，很多都寫自己的名字吧？」恬恬義憤填膺地反駁。

聘金是喜慶的象徵，是儀式感

1990年出生的靜靜，結婚已有六年。如今育有一子一女。

去年看到表妹結婚時收到二十五萬的聘金，而自己結婚時才十萬，靜靜就打趣自己嫁得太早了，但還是鄭重其事地發表了自己對聘金的看法：「聘金是一種風俗。把女兒養這麼大，嫁出去都是要聘金的。本身結婚是好事，聘金是喜慶的象徵，但是現在很多女方家長要的聘金太多，讓人承受的壓力太大。」

有句戲劇中的臺詞，是用來形容婚禮的儀式感的：儀式是內在情緒感受的外在表現，並與他人進行分享，使人由此獲得安全感跟神聖感。

從社會角度來講，儀式感可以確認個人身分跟集體認同；從心理角度來講，儀式感可以讓個人生命劃分節點，為綿延時間賦予意義。

聘金是婚禮的一部分。從這種角度而言，聘金為人帶來儀式感。

只是意思一下，最終還是到小夫妻手裡

青青 1995 年出生，溫柔恬靜。青青未婚，但是身邊的很多女孩子都結婚了。

「聘金是物化女性的一種手段。都這麼多年了。」青青甚

至認為聘金是古代貧窮人家賣女兒的一種手段。千年的風俗延續下來之後，現在的聘金只是走個儀式。

《禮記》上這樣記載婚禮：「婚有六禮，納采、問名、納吉、納徵、請期、親迎。」秦漢時期的納徵便是今天聘金的雛形。

「現在聘金基本上都換成嫁妝了，父母也都希望女兒嫁過去之後過得好。但我也見過把聘金留在家裡的父母。」青青補充。

我家少了個人，你要補償我

一位男性網友自多年前就開始混跡於網路上的婆媳關係討論社團，關於聘金，他講過一段話——

藉著婚姻要聘金的，這裡的「要」就是女方說的算，一口價，或可以適當殺價，其實都是吃虧心理在作怪：

(1) 我家少了個人，你家多了個人，我吃虧了，你要補償我；
(2) 將來孝順公婆多，孝順岳父母少，我可能吃虧，你要提前補償；
(3) 將來婚姻發生變故，女方成了再婚者，在婚姻市場不值錢了，我吃虧，你要給我補償；
(4) 共同生的孩子，卻姓你家的姓，我吃虧了，你要補償。

諮商師的話：
真正的愛和尊重不是你要求來的

聘金，真的是相互試探感情又爭奪金錢的遊戲嗎？一位情感諮商師是這麼理解聘金的：

聘金文化既然存在，肯定有它合理的因素，在經濟能力許可的範圍內，用錢來表達愛也無可厚非。

其實大多數女孩要的並不是錢，而是錢代表的珍惜、尊重和愛。他們認為男方捨得為自己花錢，說明珍惜自己。

在有些地方，很多新娘出嫁當天會透過故意要錢、要東西來刁難新郎，其實是唯恐嫁過去以後被看不起，這個時候故意證明一下自己是有價值的。

可是真正的愛和尊重不是你要求來的，而是對方發自內心給予的。如果妳靠著索取「天價聘金」來刁難對方，妳的故意很容易被看穿，他們會從內心更加看輕妳。

第三章
情感還是道德：面對婚姻背叛的取捨智慧

從娘家回來，我發現第三者住進了我家

文／江左梅娘

男人也會嫌妳窮

這次見到娟姐是在過年的時候。

她皮膚紅潤，氣色好了很多，笑盈盈地在店門口招攬生意，我問候了她幾句之後，就和她開玩笑說：「嫁入豪門了，怎麼還親自出來工作？」

娟姐笑了笑。再豪的門也不如自己豪來得安心！

娟姐的老公是她的第二任丈夫，比她大了足足九歲，是一個公務員主管，前一任老婆生病去世了。娟姐結婚之後，很多人都說她運氣很好。

怎麼不是好運呢？相比娟姐的前任老公，現任老公實在是好太多了。前任不過是一個司機，但現任卻是政府機關的主管，退休金足夠兩個人瀟灑生活。

但這樣的幸運來得太遲。

娟姐年輕的時候很漂亮，有很多人追求。她讀書成績普通，後來勉強上了一個五專，畢業以後，也沒有什麼好工作可選，就在一個賣場裡做業務員。

就是在那個時候，娟姐認識了前任老公。老公長得一表人才，只是窮了點，但是很有意思。一段時間接觸下來，兩個人就談婚論嫁了，很快就有了一個女兒，一家人很幸福。老公開完車以後，經常過來接娟姐。

娟姐服裝店的隔壁是一個美容用品店，老闆娘是個四十歲的離婚女人，每天打扮得花枝招展的。

據說這個女人很厲害，家裡五間房子，外面還開了一家美容院。娟姐的老公常過來看娟姐，有時候也會和這個女人寒暄幾句，都是常見的客套，並沒有什麼異常。

直到有一天，老公直接和她攤牌，說自己和那個老闆娘有孩子了，是兒子。

娟姐簡直恍若夢中，離不離婚，她都沒得選。

她十分想不通，自己的姿色甩那個老闆娘幾條街，老公要是想要兒子的話，自己也可以再生。老公賺得不多，自己也從來沒有嫌棄過，兩個人感情也一直很好，怎麼就發生這種事情了呢？

她想起老公曾經和他提過，某某人的岳父贊助女婿做生意，賺得盆滿缽滿；某某的老婆做電商也超級能賺錢，幫老公換了一輛「賓士」。

娟姐那時候每個月薪水微薄，但她覺得賺錢不應該是男人的事嗎？所以根本沒多想，只認為這不過是老公隨口說說而已。

但現在，這些對話就像電影一樣在娟姐的腦海中放映，她似乎明白了。

和老公離婚的時候，他說過的一句話到現在娟姐都記憶猶新。

前夫說，妳再好看有什麼用？好看也不能當錢花。那意思很明顯，那個老闆娘，比娟姐有錢。

她不嫌棄他，他倒是嫌棄她窮

娟姐後來聽說，那個老闆娘資助了前夫一筆錢，包下了整個貨運公司的一條路線。

女人年輕的時候，美麗似乎是最大的本錢，可是這個本錢隨著時間的流逝會越來越貶值。

有一句話說：一個人可以窮，兩個人就不行了，因為會忍不住把自己的窮，都怪罪給對方。

生活中更多的情形，也許是女人怪罪男人居多，娟姐面臨的情況是相反的，但基本上沒區別。

我不會永遠愛你，除非你有利用價值

我成為王姐的傾訴對象是很偶然的事情，她的父親和我的父親是醫學院的同學，我國中時，牙齒常常發炎，總去她父親的牙醫診所，她那時候總在裡面幫忙，一來二去就認識了。

王姐大學學的也是牙科，有一個在大學結識的男友。那時候王姐家境好，長得也不錯，個性脾氣也是人見人愛，追她的人不少。而男友，不過是個窮小子，能追上王姐那真是煞費苦心。

王姐當時根本就沒有看上他，兩個人差距實在是太大，可是她沒有招架住他的好文筆。

男友雖沒錢，沒法給她送禮物、陪她吃大餐，但他能每天寫一封情書給王姐。

在信中，他說自己家以前也是有錢人家，後來因為種種原因才落沒了，說王姐如果願意嫁給他，他一定對她如何如何好，一萬年不變。總之文辭華美，情感懇切，王姐讀完臉頰發燙，心裡小鹿亂撞。

被王姐拒絕了幾次，男友還堅持不懈地一直追求她，還一直追到她家所在的縣市，最後終於抱得美人歸。

他們一開始就先在王姐父親那裡實習，有了一定的歷練之後，王姐老公說想獨立，岳父就給了他們夫妻一筆錢，於是他們開了一個小診所。

王姐的老公算是技術很好又很能幹的那種人。雖說他是窮小子出身，但是長得一點都不寒酸，尤其是診所越開越好的時候，那種意氣風發的氣息，在人群中十分耀眼。

雖然在婚後，王姐逐漸知道老公根本不是什麼名門後代，他的家中務農，父母離婚復婚多次，在老公的故鄉，他們家名聲很臭。

但是想想他的才華，自己的舒服日子，縱然知道被騙，也就算了。

王姐的婚姻生活前兩年還不錯，老公雖忙，但是每天準時回家，在家裡和王姐說話從來不敢大聲，事無鉅細，幾乎通通都聽王姐的，真的實踐了老公情書裡曾經寫的那句「妳負責貌美如花，我負責賺錢養家」的模式，然而後來，老公總是說「忙忙忙」，對她日漸冷淡。無聊的王姐平時沒事，就經常去和「貴婦團」的太太們喝下午茶，或者去參加一些小學、國中、高中同學的同學會，大家都很羨慕她的貴婦生活。

王姐想，有得必有失，自己也該知足了吧。

比起老公的光輝閃耀，王姐已經賦閒在家五年了，每天就是做做美容和烘焙，她依然覺得自己還是驕傲的公主，而老公還是當初那個追她追得很辛苦的窮小子。她顯然沒有意識到自己和老公的差距越來越遠，直到有一天……

王姐的父親得癌症住院了，住院費高昂，王姐先拿出自己的一點積蓄，不夠，於是王姐向老公要，老公問她要多少，她說先二十萬吧，老公眼睛一瞪，怎麼這麼多？

王姐的心瞬間一涼，想著公公大前年住院，老公立刻給了十萬，婆婆去年做手術，老公也給了十五萬，她也沒說什麼。而且，老公開診所用的錢是岳父給的，平常日常開銷，老爸也經常貼補，但如今，老公竟是這樣的態度。

在那一刻，王姐覺得老公真的好陌生。

有人說，被哄騙進一段感情中的人，短時間內會感覺自己遇到了萬中無一的真愛，而事實的真相往往是，對方的不安全感維繫著這種不平等的付出，一旦這種不安全感消失，所有的付出都會得到償還。

王姐終於明白，這個男人欺騙她的並不只是他的背景，還有他和她的這場婚姻。

愛情也會變質，公主也會走向刑臺

到現在為止，孫姐都不願意相信，一直愛自己的老公竟然在這件事情上這樣對她。

如果你了解了孫姐和老公的初戀故事，你也一定不會相信。

很多人都說瓊瑤的作品「有毒」，因為太不真實，然而孫姐說，她曾經就真的是活在瓊瑤作品裡的「公主」。

怎麼說呢？孫姐和老公是同學，曾經坐前後桌。老公一直暗戀她，據他說，從小學就開始了。

孫姐從小就長得漂亮。老公說，他永遠都忘不掉她的大

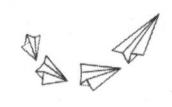

眼睛，那就是他的日月星辰。

孫姐讀書成績並不好，大學隨便上了個技術學院，畢業後就上班了，而老公呢？是個「資優生」，考上不錯的大學，畢業以後，進了一個很厲害的研究所。

孫姐從來沒有想過，自己能和他在一起，因為兩人差距實在太大了。雖然，他從來沒有和她斷了聯絡，而她以為，這不過是同學之誼。

直到他真的向她表白，並帶她去看了他們的房子，她才明白這個男人是真的要娶她。

結婚那天，老公的父母一直板著臉，冷冷的。她不理解，後來才知道，他要娶她，他一個天之驕子要娶一個學歷平平的她，實在是太不相配，他的父母怎麼可能會願意？

可是他就是愛她，非她不娶。父母反對，他絕食抗議。父母氣得住院，他付了醫藥費，寧願斷了父子、母子關係也要和她在一起。

反正就是「山無稜，天地合」，也不能讓他的心意改變，這簡直是驚天地、泣鬼神的瓊瑤戲碼。

這樣的愛情，她幸福得要瘋掉了。

可是現實是，他愛她是真的，拋棄她也是真的。愛她的時候濃情蜜意、真真切切，不愛她的時候，也是恩斷義絕、兩不相欠。

五年了，一直都是他在養家，他說，那是他身為男人的責任；一直都是她在享受。他說，那也是他的榮光。

她婚後生了一個女兒，她知道他想要個兒子。然而，她再次懷孕時，不幸的是子宮外孕，非常危險，她一側的輸卵管被摘除。醫生囑咐她，別再懷孕了，一方面是她的年紀大了，另一方面，可能還會再發生子宮外孕。

於是她害怕，不敢生。可是，公婆過來說服她，要她生，他也和她長談過一次，說現在醫療技術這麼發達，一定沒問題的。

她賭氣說：「我就不生！」結果他也生氣地揚長而去。以前，他可從來沒有這樣對待過她。

她在娘家待了足足三個月。曾經，她是被愛包圍繞著的公主，可是現在他要她冒著生命危險生孩子。其實她心裡想著，他若是說，我們還是不生了，命比孩子重要，那她說不定還真的願意為他鋌而走險，而他顯然沒有這樣表態。

她也不是不能冒險一次，可是，為什麼她總感覺自己是被別人架上絞刑架呢？難道她就不能想不生就不生嗎？

老公一直沒有再打電話給她，等她回家的時候，那個家已經住進了新的女主人。

原來，就在她在娘家的時候，老公一次糊塗，讓同事懷孕了……

上文三個女人的故事，一個是家境普通，要求不高的美麗妻子；一個是家財萬貫的全職主婦；一個則是學歷平平，曾經擁有愛情的幸運兒。她們的故事開頭都很美，結局卻都很悲涼。

進入婚姻以後，她們以為越是讓老公承擔自己的生活責任，也就越是擁有被愛的幸福，卻不知道，讓別人承擔責任，就是在割讓自己的權利。

在婚姻中，你的責任越小，你的權利也越小

在成人的世界裡，你妄圖輕鬆，那就注定會喪失決定權、發語權，甚至是生育權。

有一句話說得好：手心向上，說話聲音就小，你的聲音小，就永遠不會被真正地聽到。

人世間，誰都未必能給誰一生一世，地久天長。不是人心易變，多為相看兩厭。

當你看著那些白髮偕老、含飴弄孫的老夫妻相依相伴的場景，心生羡慕的時候，可知他們這一路走來，兩人之間發生過多少此起彼伏、此消彼長的力量制衡？那些能夠一直走下去的伴侶，多半不是因為海誓山盟、情比金堅，而是因為勢均力敵、彼此牽制。

我們的婚姻之路究竟能走多遠？

它需要的是你的成長、你的成熟，是要你承擔起一個成人的肩膀應該承擔的重量。美貌會過期，背景會倒塌，愛情會變質，唯有一個願意在生活壓力下努力承擔責任的你，可以和心愛的他，並駕齊驅。

他除了出軌，其他什麼都好

文／王宏梅

問：

我老公除了出軌什麼都好，他會做飯，學歷也很高，收入是我的兩倍，而且他還長得帥。

可是他始終對我不冷不熱，我知道他心裡一直有別人，那是他的前女友曉楓。

他和曉楓在大學度過了四年難忘的時光。但是曉楓卻在畢業後出國嫁給了外國人。他一直對她念念不忘，他出軌的類型都跟他的前女友有相似之處，不是長得像、就是氣質像……

他選擇我，一是因為他的家裡催他結婚，他覺得找誰都一樣，無所謂；二是據他自己說我長得有幾分像他的前女友。

談戀愛時聽他說起過他們之間的戀愛，我還挺感動的，覺得這個男人好長情，對前女友這麼念念不忘，一定很專一。而且他的前女友遠在天邊，也不會對我們造成威脅。

但是我沒料到，結婚後他就不停地出軌，每次出軌以後，他會說：「我沒辦法，我實在忘不了曉楓，看到××（出軌對象的名字），我就情不自禁地想起了曉楓。」

我一度以為有了孩子以後他就會收心，但是我又錯了，女兒現在三歲，他從沒管過。他出軌成了家常便飯，出軌對象換了一個又一個，而且他現在越來越不把我當回事。

老師，您說我該不該離開他？

答：

看起來，「除了出軌」，老公就是一個完美男人啊，這是妳不捨得離開他的原因吧？

出軌還要打著「深情難忘」的理由，我真的沒見過比這個更無恥的出軌理由。

他看起來很好，甚至很深情，可是他的深情並不是對妳，而是他所謂的忘不了的前女友。

可是他對妳卻「不冷不熱」，看起來這是一段嚴重失衡的關係。

一方愛對方沒有底線，而另一方卻全然不愛對方，乃至完全不把對方放在眼裡。

一開始他就把妳當成前女友的替身，本身就是對妳的不尊重，可是妳完全不在意，反而因為愛他而蒙上了自己的眼睛，不想看到這段關係的真相。這是妳的不幸的開始。

你們的關係從一開始就是不對等的，而隨著妳對他不斷出軌的無底限的包容，你們之間的不對等越來越嚴重，現在是嚴重失衡。

嚴重失衡的關係有很大的可能性會傾覆。

經常性地出軌卻還能大言不慚地為自己找藉口，並且沒有任何收斂，看起來妳似乎已經被他吃定了。他覺得妳離不開他，因為妳從一開始就預設了即便他不愛妳，他把妳當作前女友的替身妳都要跟他在一起，他還有什麼不能做的呢？

妳覺得繼續下去的話妳將面臨什麼？

妳終於想到要離開了，想必這段關係妳也覺得無法再忍下去了，再忍下去的後果是什麼？

被第三者威脅？他把外面的人直接帶回家裡？就算沒有這些，妳在現在的婚姻中感覺幸福嗎？

妳不知道該不該離開他，首先要明白他對妳的意義是什麼，比如他能滿足妳的哪些需求？是愛情，還是別的？

看起來妳對他挺滿意的，因為妳說他「除了出軌什麼都好」。他長得帥，可以滿足妳的虛榮心，而且多金，可以提供妳優渥的經濟基礎，這在別人眼裡完全是「完美老公」人設。

所以離開他對妳而言會失去什麼？

一是失去炫耀的本錢。他長得帥，帶出去自己面子上有光。

可是如果別人知道他經常出軌，對妳來說他還是不是你可以炫耀的一個本錢呢？

而且，關鍵的是，如果妳自己內心豐盈，就不會需要別人的羨慕來滿足妳的虛榮心，對嗎？表面光鮮暗中哭泣的生活是妳想要的嗎？

二是妳會失去優渥的經濟條件。這一點可能是最現實也是最重要的。

有可能妳離開他以後，本來住別墅現在卻不得不租住在地下室了；本來背名牌包，現在卻不得不背不知名品牌的包包了；本來每天可以吃燕窩，現在卻只能每天粗茶淡飯了。

古人說，「由簡入奢易，由奢入簡難」，習慣了優越的生活，怎麼可能輕易地讓自己一夜變回平民呢？

可能妳還愛著他，從一開始就對這份不對等的愛心知肚明，一直裝傻裝到現在。

萌生退意，有可能是因為妳覺得單方面的愛實在太累，而且終究有一天妳可能會裝不下去。因為即使妳願意裝，對方卻還不一定給妳裝的機會。

有一位妻子為了面子，總是在外面粉飾太平。她甚至總在動態中大晒恩愛，假裝第三者完全不存在，完全不顧第三者也在自己的社群帳號裡大大方方地和她老公晒恩愛。

終於有一天，老公跟她提出了離婚，連裝的機會都不給

她了，她瞬間就崩潰了。

現在妳也面臨這樣的問題，在這樣一份不對等的關係裡，妳在猶豫著要不要離開的時候是否想過，也許對方有一天會直接宣告結束你們的關係，完全不給妳猶豫的機會呢？

所以，不管妳現在要不要離開，還是做好離開的打算最安全。起碼，妳在「被離開」的時候不會直接崩潰，而是優雅地轉身。

女人，在任何時候都要有單身的能力。

妳現在還在猶豫，也許妳還不敢，也許妳還沒有單身的能力。

如何讓自己具備單身的能力？

財富問題

經濟基礎決定生活型態，經濟獨立也是精神獨立的前提和基礎。

從現在開始，為妳日後獨自帶孩子的生活做好準備。不管妳能否離得開他，早做準備還是沒錯的，擁有賺錢的能力總沒壞處。但如果妳沒做好準備，萬一有一天他把妳掃地出門了，妳該怎麼辦呢？

妳可能會說，我沒有賺錢的能力怎麼辦？的確，生活不是連續劇，逆襲的妻子畢竟是少數。但問題是，生活也不會因為妳沒有賺錢的能力就同情妳，妳老公也不會因為妳沒有賺錢能力而同情妳、善待妳、對你妳。

努力總比等待強，對吧？

一定要愛自己、靠自己，而不是依賴別人

妳老公為什麼敢明目張膽地出軌？因為他吃定了妳不敢離開他。妳心甘情願地做他前女友的替身，妳在他出軌根本改不了的情況下還執意為他生了孩子，這些都讓他覺得妳軟弱可欺。因為這些都足以表示妳根本不愛自己。

一個愛自己的人不可能在一段極不對等的關係裡還跟對方結婚，在對方踐踏自己的尊嚴的時候還替他生孩子。

妳連自己都不愛，妳還指望誰能愛妳呢？

一個人只有真正愛自己，覺得自己值得被愛，才會對自己有信心，勇於一個人面對生活，而不是在一段極度失衡的關係裡失去自我、任對方踐踏。

好的關係，「平衡」永遠是基礎，勢均力敵、相互支持、相互滋養的關係才能更加持久。

被出軌後，最深的痛苦到底是什麼？

文／諸神的恩寵

01

電影《誰先愛上他的》是2018年臺灣電影中的一匹黑馬。

上映三天，臺灣的票房就超過七百四十七萬臺幣，打破歐美日韓片的壟斷地位；並在金馬獎中拿下八項提名，包括最佳劇情片、男女主角、新導演、新人獎等。

電影講了這樣一個故事。

妻子劉三蓮，十幾年來為了家庭不斷付出，在丈夫死後發現保險金的受益人不是自己和兒子，而是丈夫的同性戀人。

這顛覆了一切她所信任的、所愛的，甚至她的整個世界都幾乎被摧毀。

劉三蓮身為一個妻子曾經幸福過。

在十幾年的婚姻中，曾有過很多溫暖的時刻，他們在同一個屋簷下生活，見證一個新生命的誕生與成長，他們見證過彼此的生命。

她曾以為彼此相愛，曾以為婚姻幸福，曾以為人生美滿。

但丈夫卻在患上癌症後，決定要做自己。他堅決地離開了家，搬到了戀人的家中。

一切都太突然了，這十幾年，自己的付出，一直以來堅信的世界，都轟然崩塌。

遭遇背叛，她自卑、憤怒、茫然、憎恨。劉三蓮帶著淹沒而來的情緒，就這樣站在廢墟中，歇斯底里地努力撿起那些碎片，試圖再次拼湊出生活原本的樣子。

她努力地想要把那些還剩下的，都放在手中握緊。她告訴自己，這一次，一定要好好地握緊。這一次，一定不能再失去了。

比如房間，一切都必須是整潔有序的。

比如健康，只能吃有機蔬菜。

比如兒子，一定要學習優秀，一切都要被自己所了解。

可是，生活從不會因為人的脆弱而變得柔軟一些。

因為，她內心的世界已然毀滅，那個世界曾經以愛為基石、以婚姻為鋼筋，在十幾年的婚姻生活中建起了無數的高樓大廈。

當作為基石的愛，不再可信；當作為鋼筋的婚姻，不再牢固。她的生活中，還有什麼是可信、是安全的呢？沒有了。

所以，不論多麼努力地想要抓緊，多麼努力地想要控制些什麼，多麼努力地想要重建些什麼，都是徒勞。

當一切都走到崩潰邊緣，這個可憐的妻子才能小心翼翼地問：「可不可以告訴我，全都是假的嗎？沒有一點愛嗎？一點點，都沒有嗎？」這個問題曾一遍遍地折磨她、摧毀她。

這就是每一個遭遇背叛的人都不得不面對的問題：「你愛我嗎？你還愛我嗎？你愛過我嗎？」

02

遭遇背叛，面對出軌，人們會下意識地做很多事情。

會憤怒，會爭吵，會變得小心翼翼，也會變得歇斯底里；會瘋狂地尋找對方出軌的蛛絲馬跡，也會一遍遍地回想過去的相處。

這一切混亂的情緒和行為，其實是在反覆地詢問：

你還愛我嗎？

你還愛我嗎？

你還愛我嗎？

有時是小心翼翼地問。比如說，妳已經知道他出軌了，卻不敢提，更不知道該怎麼提。妳可能在吃晚飯的時候，裝作什麼都沒有發生，只是多問了幾句：「今天怎麼樣？」「最近工作很忙嗎？」

有時是歇斯底里地問。比如說，你無意間看見老公在通訊軟體上的聊天紀錄，發現他出軌。你要知道事情所有的來龍去脈，不放過任何蛛絲馬跡。他們之間的一句「晚安」，一句「想你」，都可能在某個瞬間，引爆妳的情緒，讓你們陷入不斷的爭吵。

可是，要怎麼樣，才能知道關於這個問題的答案呢？

要反反覆覆地體驗過多少憤怒、憎恨、痛苦、絕望和崩潰，才能再次看到希望和愛呢？

要怎麼樣，才能再次真的確信，他還愛妳呢？

是控制嗎？如果他每天向妳彙報行程，願意把手機給妳查。妳清楚他的一切動態，妳就能再次信任他，再次相信愛了嗎？

是陪伴嗎？如果他每天早早回家，有時為妳做一頓好吃的飯，有時一起去看場電影，妳就能再次信任他，再次相信愛了嗎？

是承諾嗎？如果他對妳說，我愛妳，我一直都只愛妳一個人。如果他對妳說，再也不會發生這樣的事情了。妳就能再次信任他，再次相信愛了嗎？

不會的。

妳會發現，那些他和另一個人說過的話、做過的事，在妳的腦海中反覆播放，讓妳不斷懷疑，不斷地再次提出這個問題，你還愛我嗎？

再次信任，再次相信愛，真的好難。

因為這個問題，一方面是在詢問對方；另一方面，也是妳不斷地在問自己。

我值得被愛嗎？

03

有時候我們需要意識到，被出軌、被背叛、被拋棄，為我們帶來的巨大的痛苦，很大一部分源於我們自身的空虛感。

並且這種撕心裂肺的空虛感，不是因為他的背叛，而是因為妳不自愛。

想像一下，如果妳是一個水槽。

如果妳的水槽裡什麼也沒有，這時候，一個人出現在水槽旁，替你的水槽裡裝滿了水，妳一定會感受到巨大的感動和強烈的愛。

但同時，水槽中的水，隨著對方的一舉一動而起伏變化，甚至大幅漲落。妳會極度地不安，極度地渴望依賴對方。

以至於，當他不再往水槽中倒水，妳就什麼都沒有了，妳的整個世界就崩塌了。

出軌、背叛，是一個疼痛的提醒。

它用如此殘忍的方式讓妳不得不看到，真的沒有人可以給妳完全的愛，真的沒有人可以給妳堅不可摧的愛，真的沒有人能夠幫妳填滿妳的那顆心。

它也用如此殘忍的方式讓妳不得不看到，那水槽是那麼空，妳的內心是那麼貧瘠。除了期待別人給妳愛，妳真的沒有為那貧瘠做過什麼。

這種方式的殘忍之處，在於你真的很難再次相信愛，很難再次信任別人。

你站在那空空如也的水槽旁，一遍遍問，你還愛我嗎？但你真的很難相信了。所以妳又只好一遍遍地問自己，我值得被愛嗎？

妳一定從內心深處，對妳是否值得被愛，充滿懷疑。但是希望妳相信，妳值得被愛，妳真的值得被愛。

只是，妳得先學著愛自己。如果現在，妳無法做到，妳可以學著假裝已經做到了。如果現在，妳無法說服自己妳值得被愛，你可以先假裝妳已經懂得了。

這聽起來可能有點陳詞濫調，但是學會愛自己是妳再次通往愛的唯一路徑。

就像《創造生命的奇蹟》(*You Can Heal Your Life*)中所說：沒有必要讓誰成為你愛的泉源，也沒有必要讓誰拿著開啟真愛之路的鑰匙找到你。真愛就在你心裡，由你有意識或者無意識地決定是否允許自己走向它。愛就在你心裡，隨時等待著你去發現它。其他人只是讓你記起那份早已存在於內心的愛。

04

電影最後，劉三蓮重新找回了生活，也找回了愛。

如果妳正深陷痛苦，無法自拔，希望妳能學著照顧自己，重新開始愛自己。

可能現在這樣說，處於憤怒中的妳很難理解。但就像影片講述的故事，如果一段感情中，在某一瞬間，妳體驗到了愛，那就是真愛。

真愛不會因為憤怒消失，不會因為憎恨消失，也不會因為背叛消失。為你們帶來傷痛的任何事，最終都會消逝在這份愛裡。

或許，幾年後，你們還在繼續經營著一段更加美好的婚姻。

也或許，幾年後，已經離婚的你們再次相遇，意識到一切不愉快都已過去。可能，妳會懷念他，會感激他，因為他曾是妳生命中重要的一部分。

到那時，妳會意識到，愛是永恆的，而且一直在妳的心中。

男人出軌回歸後拒絕溝通？
妳需要學會這三件事

文／凡一

問：

老公出軌回歸後，和我暫時分居。他的脾氣變得像孩子一樣，一不高興就在通訊軟體上封鎖我。

婆婆一直站在我這邊，他們母子經常為他出軌的話題吵架。他傳訊息給婆婆，說知道自己做錯了，認為我們只有分開了才不會因為出軌的事情一直吵下去。

我知道他對我有愧疚，和我在一起感覺很壓抑，我也在慢慢調整。

暑假小孩在家，他每天都會回家吃飯，有空陪孩子，我們見面的機會多了，他說話的口氣明顯有好轉。但他還不願意回來住，像他這樣，我們要怎麼相處和溝通？

答：

可以看出來，妳很想和他和好如初。只是，妳對他出軌這件事還是有些介意。

他是犯錯方，雖然認錯了，但看起來他也有很大的情緒，不想面對妳。一點不如意就拒絕跟妳溝通。

所以，要修復關係，要先處理好情緒。

覺察並調整情緒

情緒是非常容易互相感染的。妳的情緒很容易引發他的情緒。

如果妳比較平靜，也會影響他，讓他能好好地表達自己。當妳憤怒、委屈時，他也會無意識地被妳的憤怒和委屈觸動，導致你們沒辦法好好溝通。

他現在願意回家吃飯、陪孩子。妳要利用這個機會，讓自己放鬆、平靜下來，之後，再嘗試跟他溝通。

他感受到你們關係的轉變，就可能會回來住。所以，妳首先要覺察：妳自己的情緒是怎樣的？

覺察情緒並不意味著壓抑自己，不必要求自己一定要平靜、放鬆、釋然。

妳首先要傾聽自己。如果妳的內在是憤怒的、委屈的，妳要允許這個憤怒和委屈表達出來。

妳可以找一個適合的朋友或者信賴的長輩談一談。

妳也可以找一個獨處的時間，允許自己盡情發洩，哭也好、砸枕頭也好，讓堵在身體裡的情緒釋放出來。

或者是嘗試把頭腦中所有的念頭都寫下來，想到什麼就寫什麼。或許不連貫，或許不成文，都沒有關係。重要的是順著筆尖的流動，讓所有相關的思緒都清晰地呈現在妳眼前。當這些思緒都在妳眼前的時候，妳就會有效地將其轉化、整合。

之後，妳可以去做一些關愛自己的事。比如，去旅行，或者去買一些自己喜歡的東西，能夠把自己暫時從這件事情中抽離出來。做一些之前想為自己做，但一直都沒有來得及抽身去做的事。

身心得到關愛，情緒會自然釋放。有的時候，在事情沒有徹底解決之前，人們總是容易讓自己陷入其中難以抽身。如果這個時候能讓自己從中短暫抽離，投入其他的事情，對問題解決會非常有效。

劃清邊界

其次，不要讓婆婆在這件事上和他頻繁爭吵。這是妳和他的事，是你們兩個人需要面對的。

利用婆婆的力量迫使他認錯，很可能引起他情緒上更大的對抗。這對改善你們的關係是極為不利的。

妳可以嘗試跟他說，我跟妳的這件事讓媽媽很操心，很感謝媽媽對我的關心和支持，但是，這終究是我和你的事，我已經跟媽媽溝通好，這件事我們兩個人自己處理，一起修復。

這樣明確的態度，有利於讓他面對這件事，也讓他在這件事情上和妳站在一起。

他封鎖妳的通訊軟體，說明你們之間還是有一些交流和互動的。這個階段的交流和互動，要避免總是在出軌這件事上說來說去。

彼此都在情緒中，帶著情緒說，很容易談崩。這個階段，可以說說其他與出軌無關的事。

你想恢復關係，有一個關鍵點是彼此之間的愛意。在目前這個階段，感受曾經有過的愛意非常重要。

弄清楚你的目標:想要恢復關係。在這個目標的帶領下，讓自己一點點回想過往的愛意，重新體驗他吸引妳的、讓妳放不下的感受。

當充滿愛的感受在妳的身體裡，妳再跟他溝通，彼此的感受都會更好。

最後，當彼此情緒平靜時，再對出軌的根源以及彼此如何修復關係做探討，才會有比較好的效果。

女人出軌了，男人不原諒，怎麼辦？

文／孫常寧

01

只要是出軌，不論男女，必然給關係帶來重創。

女性出軌，較多是情感因素，也常常放在心上，因此對於男方來講，這是一個裡子面子都失去的過程，痛苦是必然的。

尤其是原本比較乖順、傳統的女性出軌，對男方來講，打擊更大，他將很難相信對方對自己還有情分。這時表達不原諒，對他來講是保護自己的做法。

出於自我保護，男方通常會以拒絕接納的方式來處理。不論出軌的原因是什麼，男生都判斷自己是一個失敗者，男性自尊會使他不願意與證明他失敗的人在一起，這會讓他很痛苦。

這個痛苦會讓被出軌的男性的內在變得很脆弱，而男性一般是不太能接受自己的脆弱的，同時他又知道自己的痛苦無法掩飾，所以只能以拒絕原諒來幫助自己。

可是女性在關係裡多數是依賴的。如果被發現後選擇了回歸，那麼就會很想依賴男性的原諒，比較難以接受對方一直不能原諒自己的事實，所以常常會過度聯想，反而對對方的感覺是你看不到對我造成的傷痛，因此更加拒絕。

但是，我們在工作中發現，有些女性出軌者既然選擇了出軌就不打算再回頭，也不指望男性的原諒，結果反而令部分男性猶豫、不捨、挽回。

這種現象反映了人性的特點，你越是放低姿態，有時你越不能得到你想要的關係。

02

如果妳是出軌的女性，而妳想要挽回這段被妳傷害的關係，那麼妳必須要做到以下幾點：

一、坦然地承認錯誤，並致以真誠的歉意。

重要的是，妳要知道這個認錯與道歉可能需要很多次，要做好心理準備。在對方每一次指責時都先坦然承認並道歉是起碼要做的事情。不要以為妳道過歉妳就不再需要做這件事了，事實上受傷者的痛苦是非常強烈的，如果妳看不到他的痛苦，不理解他的痛苦，他就沒辦法再與妳建立安全的關係。

二、明確表達自己有錯在先，因此接受對方的任何決定。

對於受傷的一方來講，他是被動受傷，失去了保護自己的掌控權，這是很可怕的。因此，妳尊重對方對未來、對關係的決定是一種授權給對方的行為，讓他恢復可以掌控的感覺，當他覺得他有足夠的掌控時，他才有可能願意與妳交流。

三、放棄自我辯護，尤其不要在對方情緒強烈時進行自我辯護，更不能指責對方做得不好所以導致自己出軌。

關係裡當然雙方都有責任，但是在自己邁出了可能帶來關係毀滅的那一步後，再來清算出軌前的恩怨就有點過分了。因為對方很難接受妳的做法，在他看來，妳已經犯下了更嚴重的錯誤，妳已經失去了指責他的權利。

當妳為自己辯解時，對方的痛苦會比知道妳出軌時更加強烈，因為他更加深刻地體會到妳對他的傷痛的低估與不在意。

四、去做妳現在可以做的事情。

當對方拒絕原諒時，先去做那些對方需要、你們的關係需要的事情。至少讓他看到妳現在正在投入你們彼此的生活，並且妳可以表達，不管他怎樣，妳都會努力經營，這樣投入的態度有時可以喚起對方內心的柔軟。

五、認真傾聽對方的痛苦表達，認真觀察對方的掙扎。

用心去理解對方的痛苦，當對方覺得妳懂得了他的痛苦，他才有可能願意理解妳。

六、盡可能地公開自己的行動，給對方一些信心。

是妳破壞了他的信心，所以妳要做更多的事來看是否可以將其重建。

七、真誠地表達自己當下的感受，但不要過於卑微。

妳越是不敢表達妳當下的真實感受，對方越覺得妳在進行隱瞞。妳可以在傾聽過他的感受後，在妳道歉後，坦然地表達自己當下的感受。包括妳當下的痛苦與掙扎，也包括妳所感覺到的不公平。

八、傳遞妳想挽回的信念，重點是傳遞。

妳要以全新的方式投入關係裡面來，妳現在對自己有更深入的了解，因此妳不同於那個出軌時脆弱的自己，妳現在更加篤定自己在做什麼。

傳遞堅定的想要挽回的信念，而不表現得非常軟弱，渴望對方的原諒，這一點是很重要的。儘管他是一個男性，可是受傷了一樣是沒有力量再來引領關係了，所以有一個人信心堅決，可能會為關係帶來轉機。

九、明確表達妳會堅持到一個期限，在這個期限裡妳保持堅定不動搖。

不管對方態度如何，妳都耐心傾聽，勇於認錯，致以歉意，表達尊重，堅持努力。當妳這邊一切穩定時，對方也會慢慢從情緒裡冷靜下來。

做錯了事情，本來就不一定會得到原諒，但是如果妳把你能做的都做了，盡心盡力之後，妳將可以原諒妳自己，這個努力的過程也是妳不斷成長的過程，它將使妳遇到更好的自己。

因上努力，果上隨緣。坦然坦蕩，關心關注。給自己一個努力的機會，給對方一個學會原諒的可能。

三人行婚姻，要不要拖死第三者？

文／王瑩

老公希望我和第三者「共存」，我是該拖死第三者還是轉身離開？

這是我的來訪者依玲來諮詢的原因。

一走了之？不甘心。老公在我的輔助之下，事業剛剛有點收益，這麼一走，白白便宜了第三者。

忍著不走，拖死第三者？面對一個出軌的老公，我像吃了一口蒼蠅一樣，讓自己十分煩惱。

我到底要怎麼辦？她問。

遭遇另一半出軌的情況，很多人都希望自己能做出最好的選擇，但實際上，你必須要知道，基本上沒有十全十美的選擇。

每一條路，都代表著一些喪失，並且都會有一些不太能控制的風險。

在這個過程中，當你看到了可選的路，你需要做一個利弊分析。

(1) 先把每一種選擇都列出來。

(2) 做一個選擇，選那個你最能接受的。

(3) 選對你的自我成長最有利的那個。

什麼叫對自我成長有利呢？

是指你能夠在這個選擇之後，慢慢掌握生活的控制權，能夠找回自己的力量，讓自己幸福。

雖然現在會痛苦一些，但這個痛苦也是促使你成長的必然要素。

根據這兩個原則，我們再來看看依玲的問題。

她似乎有兩條路可選：一個是轉身離開，一個是拖死第三者。

如果讓妳來選，若妳選後者，妳要搞清楚一件事情——在拖死第三者之前，會不會先拖死自己？

在一個「三人行」的婚姻裡，老公跟妳只有親情沒有愛情，妳在婚姻裡只是一個孩子的照顧者，一個一家老小的維繫者，一個生活起居的服務者。

如果妳的確也不太需要情感上的連繫，只是不想放手。雖然在這樣的婚姻中得不到多少關愛，但也活得也很自在，妳有很多精力能拖過第三者，那妳可以這麼選。

但如果在拖的過程中，妳非常痛苦，完全無法放下對第三者和老公的關注。另一邊還要做很多已經不願意再去管的一些事務，我只能說，可能第三者會拖死妳。

所以妳要評估好，妳有沒有能力去拖死第三者。前提是妳在拖的過程中不難受。

如果選擇前者，妳需要檢查 —— 妳有沒有離開的能力。

檢查可以分為四個層次。

層次一　在不依賴任何人的時候，妳能否照顧好自己

大部分被出軌的女性都有這個本事。因為，結了婚之後為了家庭，女人們早已練就了照顧人的十八般本領。

層次二　經濟上是不是獨立

離開後，妳能否維持自己的生計，讓自己的生活水準不至於下降太多，甚至有改善。

這個能力，妳是不是具備，是一個很現實的問題。

層次三　情感的獨立性

如果妳真的選擇了拖第三者，那妳一定要記住一點，就是絕不能天天看著第三者和老公。妳要做的唯一的事情就是，他們兩個在一起時，好好地照顧自己的情緒和感受。

這一點在拖第三者的時候要練，轉身離開的時候更要評估自己是否具備這樣的能力。

層次四　有沒有限制性觀念

有些人腦子裡有一些堅不可摧的觀念。比如，家必須是完整的，離婚影響孩子一生；我的父母太脆弱，接受不了離婚的事實；離婚後，我怕別人都認為我是個失敗者。

如果不突破這些觀念，妳就很難做到轉身離開。轉身離開看似輕鬆，但妳的內心始終帶著一把沉重的鎖，離開了，也會被愧疚拖垮。

如果對這兩條路都做了評估後，妳發現自己可能兩條路都走不下去，那麼，也許妳需要在這種僵局中再練練自己的能力。

依玲的案例中，她說到自己老公時也非常痛苦，她覺得老公也不願意做「壞人」。

他既不願意破壞家庭，也不願意在第三者那裡做一個遺棄者。

這是一種披著善良外衣的惡，正是因為他的不作為，讓家庭承受著這樣的痛苦。為了自己心安，他選擇讓最親近的人受苦。

面對這樣的男人，我們需要區別清楚，這個痛苦是他的，不是妳的，你只需要為妳自己的痛苦負責。

不管怎麼選，大方向只有一個，就是培養自己分離的能力，讓自己擁有選擇權、自主權和幸福權。

並不是說，有了分離的能力就一定要離婚，而是當有了分離的能力，妳才有選擇的餘地。

被出軌的我，
是如何在三天內做出離婚的決定

文／江夏

誰能想到，一向優柔寡斷的我，發現老公出軌後，三天內做出了離婚的決定。在這背後，有多少徘徊和艱辛，也只有我自己知道。

離婚的路比想像中艱難，
但大部分時間卻比從前快樂

三個月過去了，離婚的路比想像中艱難。我獨自照顧尚未讀幼兒園的兒子，努力兼職賺錢。

這個男人不僅沒有因為出軌表達任何歉意，反而在法庭上否認事實。他多次威脅我的家人，去我兼職的公司鬧讓我失去工作，企圖以此逼我繼續留在婚姻中委曲求全。

但我從未後悔過，偶爾我也會有些失落，大部分時間卻比從前快樂。

我重新梳理了自己的職業規畫，開始一點點行動，認真計劃自己和兒子今後的生活，有條不紊地開始安排。

盤點了手裡的現金，測算了收入後，我權衡利弊，放棄了讓兒子在學年最後一個月入園的打算，決定再陪伴他三個月。同時，我在等待二次起訴。

每天陪伴兒子早早入睡，凌晨四點多起床處理兼職工作。這三個月的收入只能勉強維持生活，但我也不再焦慮。

大部分時間，我發自內心地和兒子笑著鬧著，在他耍賴哭鬧時，也能泰然處之。

三天就離婚？我用了三年時間掙扎

三天就離婚，好像顯得我是個很超脫和強大的人。

其實過去的三年，我無數次在深夜流淚。對方的每一次冷漠，都讓我感覺自己像一個被拋棄的孩子。

我想逃離這無回應的絕境，可看著身邊孩子熟睡中安詳的面孔，又恐懼自己無法給他好的生活，不忍心讓他年紀這麼小就失去父親。第二天我就繼續陷在日常瑣碎中，試圖忘記自己的需求。

是的，我其實不是在三天之內做出了離婚的決定，而是用了差不多三年的時間。三年的掙扎和糾結。

這三年，我一個人照顧孩子的飲食起居，並努力給他一個情緒穩定的媽媽；我努力去理解老公的不容易，給他更多的空間；我開始寫作，學習心理學，試圖尋找答案並努力安慰自己。

或許，在發現老公出軌之前我已經對這段婚姻開始失望，而出軌不過是壓垮駱駝的最後一根稻草。

出軌是一面鏡子，讓我無處可逃，不能再自欺欺人，把婚姻的真相赤裸裸地攤在我的面前。

而這個男人在被發現出軌後的一系列反應，幫助我下了最後的一點決心。一句話總結是，這個男人並不想失去婚姻的軀殼和利益，卻完全沒有意願和誠意去解決婚姻中的問題。

三天後，我開始著手準備訴請離婚的事宜。

老公出軌後該怎麼辦？

結合自身經驗，我認為被出軌後做決定的基礎，首先是對婚姻與自我有客觀全面的認識，在此基礎上再從自身和伴侶兩方面來評估是否選擇離婚。

首先從自身出發，問自己幾個問題：

對方身上當初吸引妳走進這段婚姻的特質是什麼？你們婚姻中那些曾經讓妳感覺幸福的美好因素是什麼？這些東西是否依然存在？

妳是否還在愛著對方？

閉上眼睛想像一下失去對方的生活，妳和孩子的生活將會有什麼不同？

妳有意願和能力去解決你們婚姻中存在的問題嗎？

然後再去評估伴侶的情況：

妳的伴侶是第一次出軌嗎？他是否是個值得信賴的人，在其他事情上妳還能信任他嗎？

妳的伴侶是否有意願去修復婚姻，解決你們之間的問題？

妳的伴侶能否理解妳的痛苦，是否願意負起責任幫妳緩解痛苦，共同渡過難關？

或許，上面所有的問題妳並不能在第一時間內全部找到答案。那麼不要著急，多給自己一些時間。

但是沿著這個脈絡去思考，妳會逐漸清晰地看到妳的目標，以及達成目標的難度，從而做出最終的決定。

我為什麼選擇離婚？

戀愛時我們曾分手過，我每天惶恐不安，陷入巨大的焦慮。雖然那時候我有一份不錯的工作，年輕漂亮。

但因為沒有內心力量的支撐，我根本無力應對分手的打擊，在對方要求復合時，不顧一切地回頭，迅速走進婚姻。

我之所以一直陷在這段委曲求全的感情中，是因為青春期的創傷性事件帶來的自卑。

而現在，專業學習和自我探索讓我看到人生中更多的可能性，加上創傷修復後自信的增強，我不再對未來那麼焦慮。

在做了三年的全職媽媽之後，我獨自帶著年幼的孩子，訴請離婚，內心變得篤定，不再恐懼。

我沒有辦法在無愛的婚姻裡持續忍耐，而對方既沒有修復的能力，也沒有意願。

我坦然接受了自己的一切現狀。雖然被傷害，但因為看到對方的艱難和軟弱，我很憤怒，卻不會怨恨。

在現在的我看來，我的婚姻可能一開始就是一個錯誤。所以我也想過，如果當初能在生孩子前結束，我離婚後的生活是否會更輕鬆，更容易重新開始。

但是我也將無法甘心，也不會有今天的坦然。孩子是一面鏡子，他幫助我完成了這條自我成長之路。獨自帶孩子，是一個母親的責任，也是我前行的力量之一。

出軌後要修復婚姻？給你兩點忠告

而那些選擇修復婚姻的人，依然要每天面對那個曾經傷害過自己的人。在此分享兩點忠告：

第一，跳出「受害人」的思考方式。

每一次傷害，都是一次成長的機會。而只有妳成長了，明天才能和今天不一樣。一味沉浸在受傷情緒裡的人，最終會被自己害慘。

第二，學會疏導情緒，找朋友傾訴、寫日記、找專業心理諮商師都可以。

坦誠地和對方溝通，告訴他怎樣做才能幫助妳。試著坦露妳的脆弱，也試著理解對方的脆弱。如果你們能真的彼此諒解和寬恕，擁抱對方的脆弱，劫後重生的婚姻會更加穩固。遭遇傷害，最好的反擊是自我的成長。

所有的出軌，都是男女合謀

文／時敬國

現在人們都有這樣的感覺，一是這個時代的男人，特別容易出軌；二是男人出軌的比例，比女人高得多。

男人出軌是需要條件的。有錢，還得有時間。不過，光這些似乎還不夠，還缺了特別重要的一項：出軌對象。

那麼男人究竟和誰去出軌了呢？

要討論這個問題，我們就要去看看，男人的出軌對象，到底是哪幾類女性——

婚內出軌的小A：婚姻不幸福，想要被愛的感覺

當年，小A非要和丈夫結婚的時候，父母並不同意。因為丈夫是鄉下出身的孩子，兩人家境懸殊，父母擔心兩人婚後相處可能會出現一些問題。但小A覺得，丈夫很有才華，長相也還不錯，當然最重要的是，丈夫很浪漫，總是能給自己一些驚喜。

不過，結婚之後，小A才發現，老公的才華無非就是文件寫得更好一點，動態發得更脫俗些。

但是在工作中，老公卻表現得平平無奇，與上級的關係處得不怎麼好，而且格局也不大。所以，他在公司並沒有發展得很好，升遷總是沒有他，每個月薪水不多，剛夠還房貸。

小 A 要想用點好一些的化妝品，買個好包包，還得靠自己努力賺錢。但老公似乎並不在意，每天按時下班，晚飯後帶帶孩子，打打電動，日子過得似乎還挺滿意。

而且，以前的浪漫，也不見了，老公說：「最大的浪漫，就是過幾十年的日子。」

小 A 一方面對老公不滿意，另一方面感受不到被愛，然而她仍然懷著少女心，渴望浪漫，渴望關注。所以後來她就和一個非常上進、充滿熱情的客戶在一起了。

對方也是一個已婚男，夫妻關係冷淡。但是，和小 A 在一起時，對方卻是一個非常有擔當的男人。這讓小 A 更加覺得，自己的老公實在不合自己的心意。

「為了孩子，我也不打算離婚。但是，我需要愛，所以，我需要和他在一起。我也知道，這樣很危險，但是，我也顧不了那麼多了。」

小 A 這種婚內出軌的女性，算是和那個出軌的男人相互需要，彼此配合。這種類型雖然越來越多，但相比於婚內出軌的男性，還是要少很多。

這類女性，像小孩子貪戀糖果一樣，貪戀被愛的感覺。

只要有機會獲得這種愛，往往不惜鋌而走險。

一旦被發現，後果往往很嚴重，而社會對這種婚內出軌的女性，包容度並不高。

離異後的小 B：我越來越想取代他的妻子

小 B 在發現老公出軌之後，堅決地和他離婚了。

剛剛離婚的女性，往往處於內心比較脆弱的時期，這時若有男人對她好一些、關心一些，便很容易獲得她的好感。小 B 也是如此，開始的時候，她也並沒有多想。對方願意給自己一些關愛，願意偶爾送點禮物，這讓她感覺很貼心。

但慢慢地，小 B 發現，對方在節假日的時候，還是會考慮家庭比較多。偶爾看到對方在動態貼文裡發和家人一起的日常生活，她心裡就產生了很多不平衡。憑什麼你在家享受天倫之樂，到我這裡還能享受溫柔？而我在別人幸福的時候，只能一個人？

於是，她開始更頻繁地打電話給他，讓他每天跟自己說晚安，週末讓對方多陪自己，開始問對方什麼時候離婚……對方開始支支吾吾 —— 直到對方的妻子發現了這段關係。

對方的妻子雖然並不想放棄，但顯然也沒有控制好自己的情緒，為男人製造了很多痛苦。最終男人近乎放棄一切，離了婚。小 B 就和對方在一起了。

小 B 這類單身、內心仍然渴望婚姻的第三者，對於出軌男人的婚姻破壞力是最大的。

一開始的時候，對方往往不表現出自己的這種需求，非常克制。但隨著關係的發展，她的要求會越來越多，處處和對方的妻子做比較。最終，這段關係一定會被對方的妻子發現，讓男人做出艱難的選擇。

大齡單身的小 C：讓有錢人為自己買單，是一種癮

小 C 從小就見證了自己父母的悲劇婚姻，也很少從父母那裡感受到溫暖。所以，她從不相信婚姻，也不相信男人。相比之下，她更相信男人願意給她的物質條件。

小 C 從小就是個美女，身邊一直都不缺少男性的追求。但是，她對這些追求，一直保持懷疑。

「哪些男人是愛我的外表？哪些男人是愛我的靈魂？——我分不清，也懶得去辨別。那種發自內心的愛，或許會偶爾出現，但絕對不會長久。所以，我更願意接受，那些為我付出更多物質的人。畢竟，這些人坦蕩，不會白占我的便宜。」

小 C 換過幾次男朋友，都是有婦之夫。這些人都是成功人士，不在乎在小 C 身上花錢。但小 C 也從來不在他們面前

放下高傲的姿態。

或許，正是這種高傲，吸引著那些有錢的男人，也讓他們更想征服這個桀驁不馴的女孩子，其中最直接的方式，就是為她買房、買車，送大量的現金。

但是，這並沒有讓小 C 更相信男人。她從來沒想過要取代這些男人的妻子，因為她清楚地看到，那些男人背著妻子做了些什麼。她不願意成為那個要不是被欺騙，就是裝糊塗的可悲角色。

小 C 這種不在乎自己是不是第三者也不在乎名分的女性，是很多有錢男人心儀的「獵物」。這些男人並不想破壞自己的婚姻。一方面這些男人往往家大業大，離婚將會帶來很大損失；另一方面，這些男人多數也是大男人主義很強的男人，雖然想多占有女性，但並不想破壞自己的家庭。他們渴望的是，家庭完整，享受世俗的成功，同時金屋藏嬌，享受溫柔。

隨著人們的經濟狀況越來越好，這種婚內出軌的男人越來越多，而這類不在乎名分的單身女性第三者，也越來越多。所以，這種組合會衝擊越來越多有錢人的婚姻。

所有出軌，都是男女合謀

從上面幾種情況來看，男人婚內出軌的對象，只有一小部分是有婚姻的女性。所以，男人婚內出軌的比例多於女

性，這種結論並沒有錯。

但是，與之相隨的另外一個事實是，有更多的女性第三者，自己單身，卻選擇透過滿足男人的慾望的方式，去獲取男人的財富、關心。

這些女性，與男人共謀婚內出軌，嚴重傷害了婚姻中無辜的妻子。

那麼，當我們知道是誰正在挖自己婚姻的牆腳，我們有什麼可以做的嗎？

(1) 首先，妳要謹慎地選擇結婚伴侶，並且確保自己可以承擔選擇的後果。在妳選擇伴侶的時候，當妳把對方的社會地位、財富作為重要選項的時候，妳當時就要知道，這意味著以後自己要面對更大的被挖牆腳的風險。

(2) 那些目標要取代妻子的出軌對象如果能得手，那首先妳要知道有一個原因可能是，妳的婚姻品質本身就不佳。

當一個家庭支離破碎，一定程度上男人會對婚姻失望，當男人不在乎這個家庭的責任和義務時，出軌的可能性就會變大。

(3) 如果老公在事業上，一直還有調整的機會，要盡量讓老公避免一些需要複雜人際關係、需要應酬的行業，因為男人結伴時變壞更容易。

有時候，不得不說，距離會不會產生美不確定，但夫妻產生距離，兩地分居，或者經常出去應酬晚歸，是傷害婚姻的一把利刃。

(4) 其實妻子們變得更美，關注自身成長，在婚姻中也十分重要。

當然不是說要妻子們去整容、去塑形，而是說，要投資自己的內在和未來。要多與外界交流，讓自己保持活力，要多學習，讓自己不落伍。

當夫妻兩個人的精神世界處於同步狀態，那麼婚姻便會變得更加美好、穩固。

(5) 自己要有獨立的經濟能力和較好的社會適應力，以此制衡老公。

所有的老公出軌前，都曾經默默評估過自己妻子的實力。就算再衝動，男人也會先評估風險。所以，實力對比，決定著關係的平衡。

這已經是老生常談了，要想保持自尊，只能靠實力。其他的，像什麼承諾、責任、社會輿論等，都不可靠。要想制衡老公，自己要努力。這個懶，偷不得。

為什麼男人更容易出軌這類女人？

文／火小柴

曾有個影片，一位三十歲年輕貌美的女性，踩著高跟鞋，在路上打著電話。沒過幾分鐘，她朝著手機大聲吼道：「我又不差！你發瘋了！在外面找個老女人！」

隔著螢幕，我都能感受到她的痛苦和憤怒。在這些憤怒之下，是深深的困惑。

論長相，論能力，論性格，論感情，第三者哪裡都不如我，憑什麼老公要出軌她？

這些困惑又讓很多人陷入自我否定。

然而，感情不像讀書和工作。很多時候，你明明比別人優秀，還比別人努力，可就是得不到他的愛。

戰勝第三者，就得先了解男人最容易找的情人，都有哪些類型。

破壞型女人

很多男人在面對妻子時溫和，在面對孩子時和藹，在面對朋友時大方，在面對同事時平易近人，但是，當他們面對自己時，卻有點不認識自己了。

這就是在社會期待的重壓之下戴上面具的中年男人。

他們是好兒子、好爸爸、好丈夫。他們事業有成，家庭和諧，卻唯獨不是他們自己。

他們的人生太完美了，反而一點意思都沒有。

他們就非常需要一個瘋狂的女人把他們的生活全部打碎。這種瘋狂，讓他們覺得自己好像能突破社會的期待，去做一些瘋狂的事情，去成為新的自己。

這時候，充滿破壞性的女人就跟完美型的男人一拍即合，成為情人。

弱者型女人

男人自古就有種拯救者的情結。

就是說，男人是英雄，女人是弱者。總有一天，他會踏著七彩祥雲來拯救一個女人於水火之中。

這種弱者型的第三者很好理解，就是她的自我價值比較低。

一個人在內心中覺得自己的價值低，就會有兩種行為方式，一種是乾脆擺爛，另一種就是拚命努力，在其他方面找到價值感。

所以弱者型的女人分為兩種。

一種是比較直觀的，她們的經濟狀況較差，社會地位較低。比如說很多男上司出軌女下屬。

另一種是社會交往中很難辨別的，她們往往事業有成，獨立自主，而在情緒上的價值較低。

我的一個個案就曾經是這樣弱者型的女人。

談起那段經歷，她說：「我也不知道他到底哪裡好，外表普通，經濟狀況普通，甚至比我大十多歲。」

她沉默一下子，繼續說：「可能他唯一的好，就是對我好。下雨了會幫我送傘，生病了帶我去醫院，會陪我去吃好吃的。」

我不解：「這樣就是對妳好嗎？」

她苦笑：「小時候爸媽工作忙，每次下雨別人都有人送傘，只有我淋著雨，往沒人的家跑。所以有次下雨，他來送傘給我，那是我這輩子，離愛最近的時候吧。就衝著那一次送傘，我就願意付出所有對他好。」

男人遇到這樣弱者型的女人是非常有成就感的。

想一下，你給了別人一顆糖，她就覺得你是超人，覺得你什麼都好。

再想一下，你是另一個人的全世界，她根本離不開你。你能拯救她，也能掌控她的命運。

所以，弱者型的女人能讓男人獲得巨大的成就感和掌控感。

他們看似玩的是乾柴烈火般的愛情遊戲，其實是在尋求一種付出與索取、控制與被控制的不平衡關係。

但關係不斷失衡，就會走向破裂。

聖母型女人

什麼樣的第三者最可怕呢？

有這樣一類女人，她們不搶、不鬧、不折磨，什麼都不要，她們永遠支持著那個男人，給他足夠的自由，讓他做自己喜歡的事。

面對指責和謾罵，她們會這樣說，我承認我就是個第三者，那又怎樣？我沒有害別人家破人亡的意思，更沒有霸占別人老公的意思，我們只是各取所需。

這樣的女人就是一段婚姻的終極核武。

日本著名作家渡邊淳一的《情人》中就描寫了這樣一個第三者。

她事業有成，年輕貌美，身為一個有家室的男人的情人，從不要求什麼，只圖開心。

而她想要的真的是開心嗎？其實不然。

小說中，男人與老婆離婚，甚至為此丟了工作，去到她的家門口，向她求婚。而這個一向乖巧體貼的女人轉身離開了他。

在這個女人的潛意識中，她求的不是開心，不是愛情，更不是婚姻，而是一種破壞。

她從小看著爸爸出軌，厭惡爸爸的同時，也討厭媽媽的軟弱。她無法相信愛情，更無法相信婚姻，她只是在這段經歷中尋找沒能得到過的父愛，並且對曾出軌的爸爸進行報復。

一個人想要什麼，就為此付出，這是最讓她安心的。

一個人沒什麼想要的，還為此背上罵名，這是最可怕的事。可怕之處在於，她不是真的不要，只不過是她要的太多了。

可這樣的女人對「巨嬰型」男人具有致命的吸引力。

什麼是巨嬰型男人呢？

我有一個男性朋友出軌半年，既不願意離婚，也不想跟第三者分開。

我很不解，問他，第三者究竟哪裡吸引你了。

他說，我跟第三者在一起的時候很幸福。

我再問，什麼時候覺得幸福？

他想了很久，說有時候第三者精心為自己做了一頓飯，他就覺得開心得不得了。

我就更困惑了，你老婆不是在家天天都為你下廚？那你老婆做什麼，你會覺得幸福？

他陷入沉默，想了很久，還是沒有答案。

這就是第三類男人，他們出軌是為了追求幸福。但是，他們不知道幸福是什麼，也不知道自己想要的究竟是什麼。

他其實是處在一個嬰兒的狀態，我想要什麼，我不知道，也沒法表達。我只能哭，A 不給我，我就找 B 要，重點不在於是哪個人給，重點是「我就要愛」。

偶爾別人猜對了，他就覺得被愛了。但大部分時候，別人都猜不對，他就覺得不被愛了。

他追求的是一個無條件愛他、無條件為他付出、隨時隨刻都等待著他，願意主動滿足他任何要求的女人。

於是，聖母型第三者就是他們完美的選擇。

男人最容易出軌哪一類女人？

歸結起來，就是低自尊的女人，她們認為自己不夠好，認為自己不值得被愛，認為自己不值得擁有美好的事物。

她們既容易吸引男人，也更容易成為一個情人。

而任何一個高自尊的女人，無論多麼愛一個人，都無法接受把自己置於一個不堪的地步。

前文中那位弱者型個案，在決定結束那段感情、重新開始的時候，說過一段話，我很喜歡。

她說，有的女人為了獲取男人的歡心，沒有底線地討好付出，有的女人為了占有一個男人，沒有原則地用盡手段。

但第三者也好，別人的妻子也罷。妳這一輩子最大的追求，不應該是一個男人，更不該為了別人而喪失自己。

女人一生最重要的功課，是自尊獨立，是學會愛自己，是把幸福的能力握在自己手裡，而不是交給別人。

而任何關係，只有建立在這樣的基礎之上，才能經過時間與現實的考驗，讓妳真正地幸福。

為什麼男人一旦出了軌，就再也回不到從前？

文／孫常寧

先跟大家講四個信任危機的故事。

【第一個故事】

女子告訴我說：她當初愛上現在的老公，是因為覺得他非常熱情，帶給她很多溫暖。可是婚後，她卻發現他好像對誰都非常好，這讓她感覺很不舒服。

每次她和老公談論這個問題時，老公的回覆總是，妳想太多了。慢慢地，她發現，老公對外面的任何一個女孩都比對她好，這讓她很崩潰。

【第二個故事】

一個女子告訴我，今天有個女人加了她的通訊軟體帳號，傳了很多圖片給她。其中一張是女人靠著老公車子的照片，配文「我是來晒我的新車的」。而那輛車，竟然是她剛剛給老公買的。

看到照片，她整個人都僵在那裡。在此之前，她從沒發現老公出軌的任何跡象。她陷入糾結，是選擇相信老公，還是去質問他？

【第三個故事】

一個女子說，老公出軌後回歸了。他表現很好，也很努力，但他拒絕溝通出軌的事。每次跟他談，他都會急：「妳有完沒完！」

雙方父母都勸她趕快放下，好好過日子。她也很想，但是她的心裡過不去，她覺得老公不願意談就是心沒有回歸，與她之間還有距離，這讓她很難親近老公，也無法信任老公。他們的情感似乎很難回到彼此信任的時光。

【第四個故事】

還有個女子說，她最近才知道老公曾多次出軌，但他解釋說，那只是逢場作戲，沒想到妻子會這麼痛苦，現在他知道錯了，向她道歉，希望她能原諒他。

但女子覺得自己看錯人了，他就是個渣男。雖然老公一再承諾，也積極和她交流，但不知道為什麼，女子很難再去相信他。只要一有機會，她就會翻他的手機，尋找蛛絲馬跡。他出差的時候，她更是忍不住撥打電話，盤問行蹤。

儘管老公做到了很多約定的事情，但她還是會心慌。她知道這樣不對，甚至都瞧不起自己，可是她真的很痛苦，控制不住自己的行為。

信任，就像一張紙，皺了，即使你把它撫平了，也恢復不了原樣。

當我們在親密關係中的信任受傷了，關係就開始變得劍拔弩張。兩個人像在走鋼絲，隨意的一個動作都有可能成為引爆點。

身為情感諮商師，常常會有人說，老師，我覺得離開這段婚姻遠比去修復信任要容易得多，我真的不想繼續了。

但身為諮商師，我很清楚，一個真正不想繼續的人，不會特意來告訴我這句話。一個真正決定要放棄修復信任的人，會告訴自己的諮商師：「我真的想清楚了，我覺得自己可以了，我不想再在他身上花更多時間了。」

婚姻中不一定到真正出軌才會遇到信任危機，第一個故事只是看似出軌，就已經讓這段婚姻遭遇信任危機了。也許，它跟出軌根本就沒有關係。

當我們在關係中似乎被背叛了、似乎被忽略了，我們會感覺吃驚、震撼，覺得很困惑、憤怒；我們會覺得很害怕，雖然不知道自己在害怕什麼；我們會覺得自尊受傷了，好像自己變得不再是原來的自己了。

進而我們會發現，好像生活中處處埋滿了信任危機的火藥。我們隨時都可能被刺激到，一點點小事就能讓我們跳起來，變得很憤怒或者很傷心。

不論我們怎麼努力，似乎這種痛苦都不會消減分毫。這讓我們對未來沒有信心。很多個案在諮詢中經常會說：「老師，我真的原諒他的那個行為了，但我也真的很難再次相信他了，我怎麼覺得要重新信任他，好像比登天還難。」

當信任破裂，我們該如何修復受傷的信任？

第一步，先不要急著立刻修復信任。

所謂欲速則不達，停下來，了解為什麼我們不能再信任對方，對我們當下的關係做一個客觀的評估，這一點非常重要。

信任修復是一件很難很難的事情。很多朋友在修復信任的過程中，時不時要難過一下、沮喪一下，時不時就要遲疑，各種負面情緒交替出現，這讓我們感覺自己心裡面有些最真實的東西死去了。

我們講信任很困難，並不是要告訴大家不再修復信任，而是提醒大家：

(1) 我們要意識到信任修復的難處，正視它。
(2) 很多人的信任修復，邁出去的第一步是錯誤的，從錯誤開始的修復，結果可想而知。

婚姻諮商師和研究愛情婚姻的心理學者們發現，當我們被信任傷害時，我們一直都認為，當對方改變了，我們就能重獲快樂與幸福。但從上面幾個故事中你也能看出，真正的信任建立和修復，出發點在於我們的內心。

當我們遭遇傷害，遇到愛情或婚姻中的背叛，修復信任的第一步、也是最關鍵的一步，就是接納我們自己的狀態。

要善待你的悲傷，要警惕自己是不是一個陰謀論者，覺得好像別人都在害自己，自己是那個天底下最倒楣的人。

如果你有過這種想法，說明你還不能真正面對你的悲傷。一旦你把自己定義為受害者，你所有的憤怒、苦惱就都是應該的了，你就會忙著攻擊、指責別人，不能耐下心來陪伴那個悲傷的自己。

當你能夠留在悲傷中、沉浸在悲傷中，去同情那個受傷的自己，這實際上是留給自己一個成長的機會，帶著憐憫之心去體諒自己。

看到自己身上傷痕累累，看到自己的悲傷，開始學會照顧自己，鼓勵自己，和自己的內心做最深層次的情感溝通，你才會發現 —— 原來我的內心是渴望愛的、渴望被肯定的、渴望被支持的。只有接受了自己的哀傷，善待受傷的自己，我們才會真正在痛苦中尋找到出路。

當你能接納自己的狀態時，你才能夠忽視那些無關之人的看法。

因為剛剛遭遇信任危機的時候，你會非常敏感，覺得周圍所有人好像都在嘲笑你，可憐你，看到了你的失敗。但當你開始同情自己時，你會看到，難道我現在的狀態不可以被理解，不應該被理解嗎？

當你能用包容、溫暖、耐心、憐憫去把這個傷害先包裹起來，然後再慢慢消化掉的時候，你就可以做到不介意周圍的人怎麼看，不執著於自己是選擇修復感情還是選擇離開，不太介意其他人的感受，也不期待他人對我們的肯定。那時，你就把自己徹底拯救出來了。

只有做到這一步，才可以進行第二步，雙方都為信任修復進行力所能及的努力。因為信任從來不是單方面的事，光靠一個人努力是不可能的完成。

很多人會不斷地問，老師，他是不是還愛著我？我覺得他努力回歸了，但我不確定，你幫我判斷判斷他對我、對家庭還有沒有感情？

我們常說，人非草木，孰能無情。一個結婚多年的妻子和他們共同的孩子，如果說他沒有感情是不可能的，但在關係如此緊張的狀態下，那份感情是不穩定的，你去期待那份感情，不如去期待他的人性，這時人性要可靠得多。

人性，就是相信他還有惻隱之心，當你指責一個男人毫無惻隱之心，一點也不愛這個家、不愛孩子時，實際上你也在抹滅他最後的惻隱之心。

在信任修復的過程中，要喚起他的惻隱之心，喚起他的愧疚，喚起他對孩子的連結，喚起他做人的本能，而不是攻擊他。

我們必須要理解，那個背叛婚姻、背叛家庭、背叛你和傷害你的人，他的內心並不平靜，他或許並不像你想的那樣快樂。

世界上很多出軌者，都會在肉體歡愉後，內心充滿擔心、悲傷和自我折磨。即使他們鼓勵自己遠離這個家庭，想盡辦法，找一切理由為自己尋找安慰，內心深處依然壓著很多掙扎，他們過得並不快樂。

有掙扎，內心就有軟弱的地方。有軟弱之處就會有感情。很多婚姻中背叛的人，自己都不認同自己，覺得自己已經沒辦法回到以前那個善良美好的自己了。

在這場兩敗俱傷的創傷中，那個背叛者並不是強者，很有可能他的成長中有過很多缺失和不容易，這種不容易有他自己造成的，也有我們造成的，還有我們共同造成的。

雙方都是受傷的、虛弱的，都需要被接納和包容。當然，包容的前提並不是對方沒有錯，而是我們要知道，每個人都有軟的部分，只有接納軟的部分，這份情感才會被啟動，信任才有可能被建立。

一個第三者的自白：為了第三者離婚後，我後悔了

文／非也

01

有一天，諮商室裡來了一個打扮精緻，但面容憔悴的女人。憑直覺，我覺得她應該是有感情困擾。

她的表達能力很好，一坐下就滔滔不絕地自顧自說起來。很明顯，她壓抑了很久，急需一個出口。

「全都完了，我以後不知道該怎麼活下去。」她掩面嘆息，聲音裡充滿了絕望和無助。

「我怎麼那麼傻，那麼賤，都是報應。」突然，她的眼睛裡滿是淚水，哽咽著說不出話來。 我小心地遞給她一張面紙，等著她繼續說下去。

今年三十五歲的她，剛剛離婚，六歲的孩子撫養權歸前夫。他們家是典型的男主外、女主內。

丈夫是公司高階主管，她在家帶孩子。平淡的日子像流水一樣逝去。像大多數夫妻一樣，在一起久了，也就沒有了新鮮感，更談不上激情。

好在丈夫對自己還不錯，平日裡兩人總是能夠溝通，很少爭吵。唯一讓她偶爾忍不住抱怨的是，丈夫從不幫忙做家事。

可是，生活不就是這樣嗎？平平淡淡才是真。

直到有一天，她去參加高中同學聚會，以前的一個老同學竟然藉著酒意跟她告白。

他說，自己高中暗戀了她三年，沒想到過了這麼多年，她還是那麼美，依然讓他心動不已。

她也不是沒見過世面的小女孩，並沒有當真，不過心裡還是很吃這套。那天幾十個同學吃飯、唱歌、聊天，一直到深夜兩點才依依不捨地散場。

經歷過生活殘酷和人情冷暖，總是特別懷念情竇初開、熱情洋溢的青春時光。似乎，那時候的我們特別單純。回首時，更覺得一切都那樣美好而充滿希望。

回到家，她還久久沉浸在回憶裡，甚至覺得自己的靈魂都在一點點復甦。想起這些年的生活，日復一日，按部就班，味同嚼蠟。

她第一次強烈地覺得自己就像籠中的金絲雀，活著一點意思也沒有。

這種不滿足就像火種一樣，在她心裡越燒越旺。一個月後，她突然收到那個同學傳來的訊息：「那天見過之後，我一直忘不了妳，能見一面嗎？」

她明明知道這意味著什麼，卻還是精心打扮一番，滿懷期待地去了。幾杯黃湯下肚，兩個人就越了界。

她說：「好久沒有那樣痛快淋漓過了。我立刻就淪陷了。」沉浸在「愛情幻覺」中的他們都覺得已經錯過一次，就不能再錯過一次，並約定好回家就離婚。

可是一回到家，她就清醒了。丈夫並沒有錯，況且還有一個孩子。只是從那以後，她發現丈夫身上不可忍受的毛病越來越多。因此，他們總是吵架。

這樣持續了三個月，兩個人都覺得婚姻過不下去了。她吵著要離婚，丈夫剛開始不同意，覺得沒到那一步，可是拗不過她的堅決。

可當她滿心雀躍地打電話給對方時，他卻說，我離不了婚，老婆不同意，畢竟那麼多年的夫妻，我也不能單方面地去離婚……

02

一切的幻想成為泡影，所謂的美好愛情也只不過是一場騙局。

但當初鬧成那樣，現在她已經沒有勇氣再回去找前夫。她感覺自己遭遇了整個人生最黑暗的時期，身處泥淖，不知道怎樣走出來。

相對於男人，女人最傻的就是太把愛情當回事。

我見過太多獨立女性，一陷入愛情就像向大人討要糖果的小女孩，讓人既心疼又生氣。

尤其是，竟然想從婚外情裡找真愛的女人。

這種故事屢見不鮮，結果卻大同小異。這些年我們聽過的名人出軌故事裡，舉凡男人出軌的，大都被原諒了，依舊是好爸爸、好老公。

但女人出軌，就很難再翻身。

婚外情被發現後，選擇回歸的男人，做的第一件事一定是跟情人撕破臉。再多的山盟海誓也抵不過現實的考量。說到底，男人是很現實的生物。除非妳有絕對的優勢，否則很可能丟了愛情又失去了婚姻。

曾經有統計資料顯示，女人出軌大都是精神、肉體都出軌。

這也是為什麼女人更容易陷入婚外情而無法自拔。為了心中的愛情，女人往往不顧一切，猶如飛蛾撲火。

諷刺的是，越絕情的婚外情越像愛情。

03

在一部電影中，女主角有一個精神缺陷的兒子，他占據了父母大多數注意力和精力，也抹去和稀釋了夫妻之間應有

的親密和柔情。剩下的，只是就事論事的平淡交流。

忙碌的日常生活掩蓋了她執著背後的焦慮、委屈和疲憊。內心積壓的負面情緒從來沒有機會得到表達和被傾聽，更不用說得到理解和支持。

男主角有一個得憂鬱症的女兒和神經質的妻子。他習慣沉默，總是模稜兩可地回應命運拋過來的問題。

這樣的生活狀態，讓他變得麻木。他刻意忽略自己的情感需求和孤獨感。無助的他，迷茫、混沌、絕望，就像他自己說的一樣：「我總覺得活得可有可無。」

這樣的兩個人陰錯陽差地在國外相遇了。因為同樣的孤獨和壓抑，他們像磁鐵一樣被彼此緊緊吸引著。

陷入愛情中的男人像個小男孩一樣，忍不住偷偷為女人製造各種驚喜。

他會突然出現在女人工作的地方，還有出差的火車上，只為了陪她一程。

這一切對一直隱忍和受盡委屈的女人，有著超強的殺傷力。夢想照進現實多麼讓人驚喜！

女人在關係中反覆掙扎、糾結，她知道，那是一條不歸路。可是男人的柔情一點點動搖了她內心的堅守，她最終選擇了魚死網破，把自己的情感暴露在光天化日之下。

面對丈夫的詢問，她直截了當地說：「我已經離不開他了，對不起。」

這需要多大的勇氣和深情？然而破釜沉舟的她，破門而出奔赴的卻是一個爽約。

男人在為女人營造了天長地久的假象後，選擇了戛然而止，悄無聲息地黯然逃跑。

在那個不告而別的夜晚，女人孤零零地站在空蕩幽深的黑暗中，背影寫滿了落寞和絕望。讓人不由地嘆息，早知今日，何必當初。

女人以為的深情，在他心中不過是一場遊戲。男人天性追求刺激、新鮮感，就像個青春期的孩子，到老也一樣。他們一開始就像個鴕鳥，任由自己沉醉在刻意營造出來的甜蜜幻象中，不管不顧。一觸及現實，就像泡泡落到地上，不見了。

我們總希望男人負責任，就是因為知道這並不是他們與生俱來的天性。經歷過婚姻，特別是背叛，女性就會明白，如果可以選擇，他們大都像劇情中的男人一樣，會不假思索地逃走。

但是不要以為男人選擇回歸家庭是不想背叛婚姻，肉體出軌前，他的精神早就出軌了。

在出事時，他一定會選擇一個最輕鬆的方式。婚姻是一個利益共同體，牽涉甚廣。

之前看過一個 TED 演說，著名情感理療師艾絲特·佩雷爾（Esther Perel）十幾年來接觸過無數個出軌案例。她發現，出軌的本質其實是欲望不能得到滿足。

諮商室中的女人和電影中的女人一樣，在選擇出軌的那一刻，一定都是因為現在的婚姻和丈夫滿足不了自己所有的需求，男人也如此。

不同的是，女人想要長久的浪漫，男人只想要片刻的溫柔。

如果真的不想繼續走下去，那就乾脆地結束。無論現在是否還有愛，畢竟曾經愛過，好聚好散方不辜負曾經真誠的付出。

當然，這並不容易。與出軌一樣，任由情緒氾濫比克制更容易。只是，結果也不會太好。出軌，總是從偶然開始，走向必然的結局。

我曾經問過很多男性朋友：「你會選擇跟出軌的女人結婚嗎？」他們無不斬釘截鐵地說：「不會，她會背叛別人，也會背叛我。」

人生就在一次又一次的選擇中，慢慢走向既定的終點。最讓人後悔莫及的是，你因為一次錯誤的選擇，失去了無數個選擇幸福的權利。

一個男人的泣淚懺悔書：出軌離婚後，我沒有娶她

文／夏一丹

阿良聯絡我，說要來找我「坐一坐」時，我挺意外的。

要說起阿良來，最引人談論的，除了他的財力，便是他的婚姻了。他的經歷極有代表性：

曾在某企業工作，後來企業發展不好、人員精簡，他果斷離開，選擇自己創業。歷經艱辛，公司壯大了，妻子全職在家，專心養育孩子，他卻出了軌，事跡敗露後，鬧了一番，終究還是離婚了。

如今他和妻子離婚已經快兩年。這次要找我，所為何來？

阿良直接切入主題：心很累，沒有合適的人可以聊聊，就想到你了。

原來，阿良離婚至今，只是和曾經的第三者同居，一直沒結婚。而這讓他和她的關係受到影響，兩人在吵架、和好，和好、吵架之間糾纏，阿良很苦惱，苦惱到很想給她一筆錢，兩個人乾淨地分手。但這樣，也對不起這個女朋友。「總不能負了前妻，再負情人。」阿良說。

「你還想再婚嗎？」

阿良沉默半晌，擺擺手：「還是算了，不可能了。」

「那是現在這個女朋友不好嗎？」

阿良搖搖頭：「她在你們眼中是可恨的第三者，但人其實很善良，除了有些任性，別的都滿好的。」

為什麼離婚這麼久卻沒有娶第三者？

我問他：「那為什麼離婚這麼久你卻沒有娶她？」

阿良長嘆了一聲，說：「我總覺得沒那個心思和動力，總覺得不對勁……」

大概觸動了他最深的心結，這位許多人心目中的成功男士，此刻，脆弱而孤單地窩在沙發中，看著窗外，像在等著親愛的媽媽從遠方歸來，牽著他一起回到他們溫暖的家。

只是，他等的那個人，和他嚮往的那個家，一直沒有出現……

變「壞」之前，那個男人內心的孤獨

「是我對不起我前妻……」阿良說，「可是，你以為只有她難過嗎？」

阿良的前妻我見過，與他同齡，長得挺漂亮。阿良是和一幫朋友去郊遊時認識她的，一見鍾情，很快就戀愛。

因為他前妻是獨生女，工作也很好，所以平凡出身的阿良當初想娶她，還受到過女方家人的嫌棄，是前妻鐵了心非他不嫁，他才最終抱得美人歸。

不過，對於這樁婚姻，阿良總是感覺一言難盡。

妻子的確很顧家，也對他不錯，甚至對他的鄉下父母，她在面上做得也還過得去。

不過，結婚後，阿良隨時都會被打擊。前妻總說，我當初可以算是下嫁於你……

阿良被公司裁員，失業了。他前妻雖然沒有明說什麼，但在她父母埋怨他時，前妻坐在邊上，一言不發。回家後，夫妻倆大吵一架。

後來創業成功，阿良又被提醒，男人有錢都變壞，你可要小心點……

直到後來離婚，阿良才想明白，當初的那點若有若無，可提可不提的「小事」，其實都變成他出軌時的「助攻」——在他的情感列車駛離正常軌道前的那一刻，那些回憶，幫助他壓制了心底的愧疚和猶豫。

因為那些場景，在阿良那裡，都變成相同的聲音：你不管有錢還是沒錢，成功還是失敗，反正娶這個老婆，都是高攀！你都要永遠感恩！

所以阿良說：「女人啊，總是嘲笑男人找第三者是交易，

但正牌的老婆就沒有交易的想法嗎？總是把老公當商品一樣管理，還想當然地覺得那樣做是最正確、有效的商品管理方法。」

我頓時明白了，阿良在前一段婚姻中，也承受了很多孤獨和無助。

當一個內心備感孤單和無依的人遭遇誘惑，又失去實質的制約，那麼他衝破道德的底線，就變得自然而然了吧。

問題是，這顆包裹在成功之下的孤獨的心，滑出了正常的婚姻軌道，就圓滿了嗎？並沒有。

無論多少新的關係，都填不了內心的那個漏洞

阿良和那個「第三者」的認識也沒有新意。她是阿良在工作中認識的一個女孩，能幹，也很乖巧，最關鍵的是很欣賞他，經常說「自從認識你，我學到的東西非常多」。

和阿良關係密切起來之後，她也時常表態，要當阿良的好學生，成為他的左膀右臂。

阿良很吃這一套，更何況，這個女孩起初對婚姻並沒有太多的期盼。阿良就覺得，她是自己婚姻和事業最好的補品。

阿良說得很有意思：「我對我前妻的不滿意，只有三分之

一左右，她要改變也是很難的，那我就自己去找補品，也從來沒真正想過要換個老婆。我覺得這樣更能減少家庭衝突，有利於穩定。」

翻譯成白話，就是阿良想享齊人之福。

顯然，阿良從來沒意識到，每一個人想要的，都是整顆心。少了哪怕十分之一，那也不完整。對於前妻因他出軌而大鬧一番，還不肯原諒非要離婚不可，他甚至深感委屈。

想起有一次，被一位男士 A 先生問：為什麼你們女人，總是要有很多閨密什麼的？弄得這麼複雜。

於是我問他：那你有沒有自己很值得信任的朋友、兄弟呢？

A 先生說，男人之間一般不會談隱私的事，大多談工作、事業這些和誰都可以談的事。很少會去聊什麼祕密，即使有人跟我說，我也就聽聽而已，不會去記得。

原來，A 先生認為，男人談心情，是很不男人的事。於是，有些心情上的事，只好自己消化和調節。

因為，男人會深深地記得自己的使命，是去征戰，是當英雄，不可以脆弱。

但很少有男人真正理解，如果一段關係容納不下他的脆弱和不安，這些情緒就可能引著他走向不倫的軌道，進入新的不安。

阿良聽完我說這些，猛地抬起頭來盯著我：「哦？難道你是說，我心裡一直沒安全感嗎？」

忠誠的婚姻裡，放得下男人脆弱的心

他說，我真的沒有安全感。

阿良家裡兄弟姐妹四個，他排行中間，他父親希望兩個兒子中，一個能出外打拚，一個能留在家裡幫忙。正好阿良的二哥成績優異，他父親便要阿良留下幫忙家裡務農，讀書就是能識字就好。

這讓阿良著急壞了，他非常刻苦努力地讀書，甚至在父親不給學費、生活費的情況下，自己利用暑假去打工賺錢。後來上了大學，戀愛結婚，又被說是高攀了。阿良覺得無論如何自己得有出息，於是更加努力地工作……

「你不知道我吃了多少苦，我只是想保住自己作為一個男人的自尊心。」

在婚姻中自己犯了錯，不得不承受離婚的結果，阿良一直有深深的喪失感。

「我賺了很多錢，但我弄散了我的家，你以為我心裡高興嗎？唉，不知道該怎麼說。」

前妻的離開，其實等於他的安全感丟了那三分之二。面對曾經的小三，現在的女朋友，阿良又非常懷疑，她能夠給自己多少安全感？

「我前一個家搞砸了，再結婚，我感覺搞砸的可能性還是很高的。」 阿良說，「這樣來來回回，太累。所以還是不要談那麼多感情，真的合不來要分開，也比較方便。」

只是，女朋友並不知道阿良的想法，在得知他離婚後，從暗示到明說，從默默等待到每天催問，讓阿良心亂如麻。

阿良沒有想通的是，他就像一個飢餓的小孩，總是在不斷地奔跑著，尋找麵包，可是當找尋的方向出現錯誤，結果便是麵包吃得越多，飢餓的感覺卻越是強烈。

因為，無論男女，都需要安全感。可安全感這個東西，從來無法從別人那裡找到，只能夠自己去開啟內心深處的力量。

阿良跟我道別時，非常悵然。他說，要是自己早一點和別人談一談心就好了，要是前妻那時候，不總是提醒著他別變壞，而是多理解他的心情就好了。

那樣，他也不會輕易出軌，不會出軌後走向離婚，不會在現在和女朋友的關係裡，左右為難，進退維谷。

可惜，人生沒有如果，欠的都得還，生命中的某一種貧窮和匱乏，你用再多的財富，也掩蓋不住，唯有面對。

而面對最難。

在婚姻裡忍氣吞聲，是會忍出乳腺癌的

文／茗荷

前幾天，我的一位好友得乳腺癌去世了。

還記得，初見她是在一次親子課程上。在互動環節中，她哭得很慘，停不下來，好像累積了太多委屈。

從她的傾訴中得知，她的老公出軌，還在外面養了個孩子，她一直隱忍至今，難以釋懷。

後來再見，她剪了短髮，整個人看起來有精神很多，當時我真心替她感到高興。原來她去鄉下定居了一段時間，調整身心，心情好了許多。

但好景不長，她終究還是放不下，又回到了老公身邊，過著長期隱忍的生活。

沒曾想，最後她以一種我們都不願意看到的方式離開了。

很巧的是，昨天見了另一個朋友，她也剛從鄉下回來。許久不見，我們聊了很多。

她說自己離開都市，帶著孩子遠走他鄉，在那裡種農作物、賣有機產品，甚至跟朋友一起辦學，試驗新教育。

看到她講話時神采飛揚的樣子，我心裡跳出一句話，這個女人真迷人。她堅定的眼神裡，有對生活的深深理解，也有對未來夢想的憧憬。

坐在酒吧細聊，我才知道，她是跟老公離了婚搬去鄉下的，而且離婚的過程十分戲劇性。

早上她老公對她說，我們再生一個吧。晚上她對老公說，我們離婚。於是兩人就離婚了。

我還在好奇，這怎麼說離婚就離婚了呢。她又說，她跟老公之前長期遠距離，生活上一直不同步，回來之後反而感覺很不適應。

當時她在辦公室想了一整天，然後決定離婚。之後，便是非常迅速地辦理各種手續，移居鄉間，去過另外一種人生。

現在，她整個人變得更年輕漂亮了，孩子跟她去鄉下生活後，自閉的情況也好了很多。

她說，生活還是要有趣、開心才好，感情更是。從學生時代起，她一直是這麼做的，非常照顧自己的心。

她們全然不同的選擇，再一次點醒了我：離婚與否真的不是關鍵，照顧自己的心，想辦法讓自己開心才好。

從很多情感諮商的案例中，我發現了一些共通的現象——女性經常在婚姻中耗掉快樂，耗掉自己的健康。

因為擔心對方離開自己，忍氣吞聲換取卑微的感情，無法調整自身情緒，更別提好好工作生活，常常伴隨比如失眠、厭食甚至是其他嚴重疾病。

她們常常像抓住救命稻草一樣問諮商師「我到底該不該離婚？」或者是「老師，你說我會得憂鬱症甚至是癌症嗎？」

每當這時候，我其實最想說的是：

離不離婚我們先放一邊，愛不愛也放一邊，先照顧好妳自己。生病了，誰也替代不了妳。

《黃帝內經》中早就告訴我們：「怒傷肝、喜傷心、思傷脾、憂傷肺，恐傷腎。」幾乎每一種讓妳內心大幅度波動的情緒，都會對妳的身體造成影響。

世界心理衛生聯盟指出：「70%以上的人會以攻擊自己身體器官的方式來消化自己的情緒。而消化系統、皮膚和性器官是重災區。例如親密關係的問題，就經常在性器官上出現症狀。」

從臨床上看，那些長期壓抑自己情緒的女性，患婦科疾病的比例明顯偏高。

曾與一位中醫師聊天，他說，看看病人的身體狀況，基本就知道了其夫妻感情如何，家庭生活開不開心。當時我覺得他太神了，怎麼那麼隱祕的事都知道。

他笑著說，過去卡住的感覺與情緒，無論我們的頭腦記不記得，都會保留在我們的細胞裡，成為身體的一部分。

身體是不會騙人的，你壓抑的每一種情緒，都會在身心上留下印記，騙得了別人，騙不了身體。

比方說，男朋友出軌的女性，內心對性生活產生了強烈的抗拒，展現在身體上，就容易表現為婦科疾病，無法進行性生活。

除了造成疾病之外，壓抑情緒還會影響你的內心狀態，讓你陷入自我否定、自我攻擊等模式當中，變得容易退縮、暴怒、麻木，失去生活熱情。

當卡在這些現象裡，自我力量不足的人總會想，離婚了，別人會怎麼看我？沒人愛我怎麼辦？養不活孩子怎麼辦？

然而，沒有人提醒你的是，你選擇隱忍，付出的代價是健康。

如果正在讀文章的你，此時也在為婚姻問題苦惱，身體已經出現了一些症狀，或是長期陷入某種情緒中無法自拔，這其實是身體在告訴你：「是時候調整了，如果你一再忽視我的需求，我將以更嚴重的聲音來呼喊，直到再也無法繼續。」

那麼我們應該如何對待陷在婚姻難題中的自己呢？

1. 為自己生命負責，不要在忍耐中度過一生

婚姻從來都不是萬靈丹，離婚與否都會使人感到痛苦迷茫。有人在糟糕的婚姻泥潭中拔不出來，有人在失去婚姻後感到孤獨。

面對婚姻中的萬分不堪，最忌諱的就是卡在某種狀態中，既無力去破局，又捨不得放棄，憂鬱橫生，年華老去，身患重疾，悲涼一生。

但我們發現，不幸的婚姻大多如此。

建議：

你要知道，生活是你自己的，你才是自己情緒的主人和第一負責人。面對婚姻，甘心最重要。要不就徹底接受現狀，婚姻不易，人無完人，盡力在婚姻中培養自我療癒的能力；要不就捨棄掉無法拯救的關係，勇敢地開始新的生活。

總之，為自己的生命負責，不要在忍耐中度過一生。

2. 破除恐懼，找到自己的力量

我的一個個案，長得漂亮，又很能幹。無論工作還是育兒，都是自己一手打理。面對丈夫的出軌，她想離婚又深感恐懼，覺得不會有人再愛她，一直很卑微地跟丈夫互動，身心俱疲。

她的這種心態，並不少見。

有很多女性，即使在經濟和生活上已經非常獨立，在感情問題上，她們卻覺得離開婚姻，離開對方，就無法活下去，也不會再有人愛自己了。

實際上，即便是離婚，她們也完全可以過得不錯，之所以不敢，主要還是心理上的原因。

要知道，即便不捨棄一段關係，在心理上也要有敢捨棄的 本事和能力。只有這樣，你才不會感到委屈，贏得不一樣的局面。

建議：

試著看看你恐懼的到底是什麼？最壞的結果又是什麼？看看自己是否能承受。

提醒一句，最壞的結果裡，不要忘記「身心俱疲」這一條。

3. 拓寬生活的支點，不要局限自我

曾在一個陪護案例中，我引導個案畫一個生活支點結構圖。

讓她感到吃驚的是，她幾乎把 80%以上的精力都投到了家庭和孩子身上，工作是應付，社交基本是 0。

她意識到，難怪面對丈夫出軌時自己如此惶恐不堪，因為她失去了家庭，就意味著她失去了她絕大部分支點。

諮詢中，我常發現，那些社交廣、事業做得不錯的女人，面對糾纏關係的時候，力量感更足，選擇更充分。

而眼中只有家庭和孩子的女性，往往就顯得非常被動，並且對離婚感到恐懼。她們往往連能給予支持的閨密都沒有，這實在是一件非常危險的事情。

看過一句話說，「家裡有戀人，隔壁有閨密，遠方有好友，這才是嚮往的生活」，深以為然。

建議：

想讓自己開心，除了維持自身良好狀態，也需要有其他生活支點。

工作、興趣愛好、朋友家人，這些都是讓我們感到幸福的重要支點。支點越少，坍塌時打擊越大，內心往往越痛苦。

4. 與自己的情緒成為好朋友

經常有個案跟我說：「情緒好難控制啊。」

確實如此，因為一些傷痛在我們體內沒有散去，只要遇到爭吵，或者你有一個期望對方達不到，那種情緒就會襲來。你或者暴怒，或者憂鬱，抑或是感覺日子過不下去。

我們需要做的是：引導情緒到合理的地方，或是找到源頭去化解，並不是要你去選擇單純的控制。

有幾個小方法可以分享給你：

找一個安靜的空間深呼吸放鬆，靜靜地感受能量的流動，感受痠麻脹痛等感覺，探尋自己淤堵的地方。

情緒來臨的時候，就算控制不住，記得覺察，一次次覺察並接受它，慢慢學習釋放。

多接觸讓你能夠感到安靜的事物，琴棋書畫、手作等都可以。

作為心理諮商師，我常常有機會聽到不同的人生故事，也能理解女人很多時候的無奈和心酸。

但擁抱完大家，還是要提醒你們，讓自己開心這件事，比什麼都重要。

電子書購買　爽讀 APP

國家圖書館出版品預行編目資料

親密有間！平衡親密與獨立的 37 堂婚姻經營課：愛偷看訊息、三人行婚姻、控制欲過強、忍出乳腺癌……在愛與痛之間尋找自我，諮商心理師的婚姻觀察筆記 / 潘幸知 主編 . -- 第一版 . -- 臺北市 : 崧燁文化事業有限公司 , 2024.09
面； 公分
POD 版
ISBN 978-626-394-809-9(平裝)
1.CST: 婚姻 2.CST: 兩性關係
544.3　113012958

親密有間！平衡親密與獨立的 37 堂婚姻經營課：愛偷看訊息、三人行婚姻、控制欲過強、忍出乳腺癌……在愛與痛之間尋找自我，諮商心理師的婚姻觀察筆記

臉書

主　　編：潘幸知
責任編輯：高惠娟
發 行 人：黃振庭
出 版 者：崧燁文化事業有限公司
發 行 者：崧燁文化事業有限公司
E-mail：sonbookservice@gmail.com
粉 絲 頁：https://www.facebook.com/sonbookss/
網　　址：https://sonbook.net/
地　　址：台北市中正區重慶南路一段 61 號 8 樓
8F., No.61, Sec. 1, Chongqing S. Rd., Zhongzheng Dist., Taipei City 100, Taiwan
電　　話：(02) 2370-3310　　**傳　　真**：(02) 2388-1990
印　　刷：京峯數位服務有限公司
律師顧問：廣華律師事務所 張珮琦律師

定　　價： 375 元
發行日期： 2024 年 09 月第一版
◎本書以 POD 印製
Design Assets from Freepik.com